Ill Fares *the* Land

A Treatise on
Our Present Discontents

厄運之地

給未來世代的最後備忘錄

東尼·賈德
TONY JUDT 區立遠◎譯

身為被賈德批判的「新左派」——搞身分政治、關注主體多於集體——我很榮幸推薦本書。差異並不必然代表衝突。書中描繪認同與社群的崩解，正因如此，我們更該閱讀本書並從中積極辨識隊友並結盟，藉此以真實擁抱自由。

——朱剛勇／人生百味共同創辦人

如果人與人之間喪失基本的「信任感」，無法透過「互助」共同生活，加之法律又被有權勢者控制，個人無法依靠「法律」實現社會正義。最終，每個人在社會中的生存，就必須依靠掌權者的恩賜或特權。當掌權者掌握每個人在社會生存中的優勝劣敗，獨裁體制便會趁虛而入，侵入人們生活中的所有層面。

然而，東尼·賈德的《厄運之地》提醒我們，唯有透過重新建立能培養基本信任的社會政策與公共制度，並讓人民真正參與政治、重建共同的生活目標，我們才能打破僵局，重新找回共同生活的希望與可能。

——李明哲／人權工作者

當代學者無人比東尼·賈德更清楚，左右兩端僵固的意識形態屢屢造成的巨大災難，數以億計的人命就此喪失。晚近全球化帶來新型態威脅：驚人的貧富不均、頻繁的經濟危機、地球暖化乃至民主傾頹……

解方何在？

《厄運之地》凝聚了賈德畢生的知識關懷，系統條理的分析，為後人指點迷路。對所有的探求者與困惑者而言，此書為一必讀。

——吳啓禎｜英國倫敦大學亞非學院經濟學博士／經濟民主連合學術委員

混沌黑暗的年代，讓我們追隨一位老派知識分子的腳步，重回初心，思考人性尊嚴的意義。

——吳叡人｜中央研究院臺灣史研究所副研究員

在全球動盪與價值重塑之際，東尼·賈德的《厄運之地》深刻反思社會民主與市場自由，提醒我們：福利非理所當然，正義需堅定信念支撐。無論過去或現在，本書是新世代理解政治倫理與文明未來的重要啟蒙。

——孫友聯｜台灣勞工陣線資深研究員

賈德自豪地以左派自居，懷抱對往昔世界的浪漫想像，那個在「畢奇恩大裁撤」前，由鐵路支線維繫起來的國家團結與同志情誼的世界。但在這本精彩絕倫的著作中，仍有許多內容讓像我這樣的老派保守黨人也會熱切地點頭贊同。

這正是賈德設定的目標：寫出一部雄辯之作，讓年輕人感到尚有希望，去相信我們的社會事務還有更好的組織方式——也就是他所說的社會民主主義，那既不是理想的未來，也不是理想的過去，但「仍比手邊任何選擇更好」。

當然，賈德對於包山包海的意識形態的批判是正確的。政治中沒有什麼可以解釋一切的萬能理論。……賈德這本書提出了當代政治中最值得思考的一些問題：我們該如何重新定義國家的角色，而不是預設國家必須包辦一切？我們又該如何將價值觀的論辯重新帶回政治討論，而不是讓政治只剩下成本與效益的盤算？

——彭定康 Chris Patten｜香港末代總督

《厄運之地》是一次非凡的嘗試，試圖勾勒出那份持久希望的具體樣貌。本書初版問世於二〇一〇年，正值歐巴馬執政高峰——就在歐巴馬簽署平價醫療法案的五天前。書中主題圍繞在社會民主主義二十世紀中葉的興起、隨後的式微，以及未來可能的復興之路。

在賈德看來，社會民主主義者承襲古典自由主義者對「文化與宗教寬容」的堅持，並注入「集體行動促成集體利益」之信念。在此願景中，國家是實踐理想的核心載體。《厄運之地》的大部分篇幅，就在回顧保守派對國家的攻訐，以及自由派對國家支吾其詞、軟弱無力的辯護。這些自由派如今與昔日對手同調，對大政府表現反感，奉市場機制為圭臬。

> 此類論述及其政策實踐，包括民營化與福利國家的削弱，終致賈德所警示的「肚腸慘被挖空的社會」：「原本由社會合作與公共財構成的濃密網絡，被縮減到最小程度；把國民與國家連結起來的，僅僅剩下威權與服從。」
>
> ——塔納哈希．科茨 Ta-Nehisi Coates｜美國國家圖書獎得主

我們所需要的，是對這套刻意捏造的「自由市場」意識形態所造成的後果，懷抱真正的憤怒，同時堅決反對其不道德的論述。然而，正是在這一點上，賈德與一九六〇年代的激進分子以及今日許多人分道揚鑣：他認為，當前公共利益遭到破壞一事，無法迅速復原——沒有一場即將到來的革命可供指望。

因為在現在這種充滿危機與不安的氛圍中，我們必須記取一九三〇與四〇年代的教訓：無論左翼或右翼，那種急切渴望迅速革命的情緒，曾釀成災難性的後果。

不，我們所需要的，在諸多需求之中，是重新召喚真正的政治想像力——一種務實的想像力，能夠在現實條件下，設計出那些有可能療癒當前（而且極為真實的）恐懼、不安與撕裂的政策方案。

——約翰．凱恩John Kane｜耶穌會瑞吉斯大學宗教學榮譽教授

獻給丹尼爾與尼可拉斯

厄運之地任蜂擁的災禍蹂躪，
錢財在那兒高高堆起，人們卻衰敗凋零。

——奧利佛·哥德史密斯 Oliver Goldsmith，
《荒村》The Deserted Village, 1770

CONTENTS
目錄

ACKNOWLEDGEMENTS
謝詞——13

INTRODUCTION A Guide for the Perplexed
導論　困惑者指南——17

第1章 The Way We Live Now
我們現在的生活方式——29

第2章 The World We Have Lost
我們失去的世界——65

第3章 The Unbearable Lightness of Politics
政治中不能承受之輕——109

第4章 Goodbye to All That?
向一切告別？——173

第5章 What Is to Be Done?
怎麼辦？——193

第6章 The Shape of Things to Come
未來事務的樣態——231

CONCLUSION
What Is Living and
What Is Dead in Social Democracy?
結語　在社會民主主義裡，哪些已不可行？哪些仍待追求？——275

謝詞 Acknowledgements

由於這本書在不尋常的條件下完成，我欠下了相當多的人情。我很高興能在這裡一一列舉。我從前的學生莎拉・柏戴特（Zara Burdett）與凱西・瑟爾文（Casey Selwyn）任勞任怨地擔任我的研究助理以及謄稿者，在長達數月的期間裡忠實記錄了我的思考、註記與閱讀。克萊芒絲・布魯克（Clémence Boulouque）幫助我從大眾媒體上尋找最新的材料並納入書中，而且不辭辛勞地回應我的詢問與要求。她也是一位極出色的編輯。

但是我最要感謝的人是尤金・盧辛（Eugene Rusyn）。他在八個星期之內完成全書的打字工作，每天花上數小時，一字一句地記錄下我連珠炮似的、有時含糊不清的口述，甚至夜以繼日地工作。許多晦澀與罕見的引文，是他負責找出明確出處的。但是最重要的是，在編訂正文時，他與我非常密切地合作，修正了內容、風格以及思想的連貫性。毫無疑問，如果沒有他，我不可能寫出這本書，而且他的貢獻使此書益加完善。

我也要感謝雷馬克研究中心[1]的朋友們——凱瑟琳・佛萊明教授（Katherine Fleming），傑爾・凱斯勒（Jair Kessler），珍妮芙・連恩（Jennifer Ren）以及瑪亞・傑克斯（Maya Jex）——我的健康狀況不斷惡化所帶來的種種改變，他們都毫無抱怨地予以配合。沒有他們的合作，我不可能有時間與資源來投入這本書。還要感謝的是紐約大學（New York University）行政部門的同事們，特別是校長（也是前文理學院院長）李查・富萊（Richard Foley）與行政事務長喬・朱利安諾（Joe Juliano），我從他們那裡獲得了任何人所能希望的一切支持與鼓勵。

我也要感激羅伯特・希爾維斯（Robert Silvers）；這不是第一次了。在他的建議下，我於二〇〇九年秋季學期在紐大所做的關於社會民主主義的演講首度被謄寫成文字（感謝《紐約書評》團隊），然後刊登在他們的版面上

——結果引發了完全在我意料之外的迴響；大家都要求我把這個演講擴充成一本小書。懷利作家經紀公司（Wylie Agency）的莎拉・夏爾凡特（Sarah Chalfant）與史考特・莫耶斯（Scott Moyers）熱切地附和這項建議，紐約與倫敦的企鵝出版社也善意地對此計劃表示歡迎。我希望他們對結果都能感到高興。

多年來，不少陌生讀者主動來信，對我在這些主題上的寫作提出建議與批評；他們的慷慨熱心，讓我撰寫此書時受益良多。我不可能一一對他們親自道謝，但我期盼，儘管本書難免有疏漏，它仍能傳達我對他們的謝忱。

但是我最必須感謝的是我的家人。在過去一年裡我加諸他們的負擔，就我看來是近乎難以承受的。然而他們卻甘之如飴，讓我能夠放下顧慮，並且在過去幾個月裡幾乎全然投入思考與寫作的工作。唯我論（Solipsism）是職業作者典型的毛病。但是在我的情況裡，我特別意識到自我耽溺的問題：我的妻子珍妮芙・霍曼斯（Jennifer Homans），在照顧我之餘，也持續為她那本關

1〔譯注〕Remarque Institute，紐約大學所屬研究機構，由賈德於一九九五年創辦。

於古典芭蕾歷史的書稿收尾。她的愛與寬大多年如一日地滋養著我的寫作。她的著作將在今年稍晚問世，可說是對她出眾人格的最佳禮讚。

我的孩子們——丹尼爾（Daniel）與尼可拉斯（Nicholas）——過著忙碌的青少年生活。儘管如此，他們仍抽出時間跟我討論書中許多議題。事實上，正因為這些晚餐談話，我才真正體會到，當代青少年對我們遺贈的世界抱有多麼深切的關懷，但我們提供的手段卻極為匱乏，難以助其改善現狀。這本書是獻給他們的。

紐約，二〇一〇年二月

「我無法不擔心，人類某天會走到這樣一種地步：
他們把所有新的理論當作危險，
把每一種創新看成費事的麻煩，
把每一項社會的進步看作走向革命的第一步，
或者，他們拒絕做任何改變。」
——亞利克西斯・德・托克維爾 ALEXIS DE TOCQUEVILLE

INTRODUCTION A Guide for the Perplexed

——

導論　困惑者指南

我們今天的生活方式裡，有某種非常錯誤的地方。三十年來，我們把追求物質利益的自私行為貼上體面的標籤：事實上，我們對集體目的所剩無幾的理解，就是從這種對物質利益的自私追求而來的。我們知道事物的價格，對於其價值卻沒有絲毫概念。對於一項司法裁定或法案制定，我們不再問：這是善嗎？這公平嗎？這正義嗎？這樣對嗎？這會帶來更美好的社會或世界嗎？這些從前都是政治唯一關心的問題，即便難以找到簡單的答案。我們必須重新學著提出這些問題。

當代生活所呈現的這種物質主義與自私，並非內在於人類根本的構成條件（human condition）。許多今天我們看起來很「自然」的東西，都是從一九八〇年代才開始的：創造財富的偏執、對私有化和私人部門的膜拜、貧富差距的擴大等等，特別是伴隨這些現象的修辭：一面倒地讚美不受限制的市場，卻蔑視公部門，以及幻想經濟將永遠成長下去。

我們不能繼續這樣生活下去。二〇〇八年的小崩潰[1]提醒我們，不受監管的資本主義是它自己最可怕的敵人：早晚資本主義將因為自身的過度貪婪而受到損害，並再一次向政府求救。但如果我們僅僅收拾殘局而沒能有所改變，那麼未來不久我們還會遭遇到更大的顛簸。

然而我們似乎也想像不出替代的辦法。這個窘境也是新的。直到不久之前，自由社會的公共領域運作，還籠罩在「資本主義」捍衛者與批判者間的爭論之下；這些批判者通常被界定為某種形式的「社會主義」。到了一九七〇年代，這場爭論對雙方陣營而言大致上都喪失了意義；但是即便如此，「左派－右派」的區別仍然頗為實用，彷彿掛衣服的掛鉤一樣，你可以把關於當代事務的批判意見掛在上面。

在左派這邊，馬克思主義對許多世代的年輕人充滿吸引力，只因為這讓他們能跟眼前的現況保持距離。古典的保守主義這邊情況也差不多：那些不願意放棄長久以來既定秩序的人們在其中找到很好的基礎，來堅持他們對於過快改變的厭惡。但是今天，無論左派或右派都找不到立足點了。

1〔譯注〕指次貸危機。

三十年來，學生們一直對我抱怨，「這對你一點也不困難，你們的世代有很多理想跟理念，你們相信某種東西，你們能夠改變一些事，但是『我們』（八〇年代、九〇年代以及二〇〇〇年代的孩子們）什麼都沒有。」確實，這對我們這一代真的不困難，就像對我們的上一世代一樣地容易。再往前，上一次成群的年輕人對他們生活的空虛、以及對世界的漫無目的表達出與今天類似的挫折與氣餒，是在一九二〇年代，歷史學家稱他們為「失落的世代」並非出於偶然。

如果今天的年輕人感到失落，那並不是因為缺乏目標。跟任何大學生或中小學生聊天，你都能列出一長串令他們焦慮的事。事實上，成長中的這個世代對於他們即將繼承的這個世界感到極端的憂慮。伴隨這些憂慮的，還有一種普遍的挫折感：「我們」知道有些事情不對勁，而且有很多東西並非我們所希望的。但是有什麼是我們能相信的呢？我們應該怎麼辦？

跟老一輩的人相比，這種態度的翻轉是很反諷的。回到充斥著自信與激進教條的年代，年輕人完全不會感到徬徨與不確定。六〇年代典型的語調都帶著幾近傲慢的自信：我們完全知道該怎麼改造世界。就是因為這種不自量力的傲慢態度，後來才出現了反動力量的回潮；如果左派能夠重新恢復勢力，應該要更謙虛一點。但是不管怎樣，如果你想解決問題，你得先能把問題指出來。

這本書是為大西洋兩岸的年輕人而寫的。對於我一再提到社會民主主義（social democracy），美國的年輕人也許會感到奇怪；這是美國這邊很少提到的。當報人與評論者提倡對社會福利做更多公共開支時，他們更常形容自己是（也被他們的批評者形容為）「自由主義者」（liberals）。但是這製造了一些混淆。自由主義是一個值得崇敬與尊重的標籤，我們全都應該為身上有這個標籤而感到驕傲。但是就像一件設計精良的外套，這個標籤含藏一些表面上沒有展示的東西。

自由主義者反對干預他人事務，他會容忍異議的態度與反傳統的行為。考察歷史，自由主義者從來就是贊同我們的生活不應該受其他人干預，讓個體享有最大的空間，能依照自己的選擇來生活與發展。今天這類態度最極端的形式，常常跟「自由至上主義者」[2]關聯起來，但是這個辭彙很大程度是沒有必要的。絕大多數真正的自由主義者的基本態度是不去干預其他人的。

社會民主主義者，在另一方面，卻是某種混合體。他們跟自由主義者同樣致力於文化與宗教的寬容。但是在公共政策上，社會民主主義者相信，為集體的善進行集體行動既是可能的，也是美德。像大多數自由主義者一樣，社民主義者支持累進稅率，以便支應公共服務以及其他一般個人無法自行負擔的社會財。不過，兩者的差異是，許多自由主義者把這類徵稅或公共支出視為必要的惡，而社民主義者所設想的美好社會，卻從一開始就要求政府與公共部門必須扮演更大的角色。

不難了解的是，社民主義在美國是難以推銷的。我的一個目標是，提議政府能夠在我們的生活中扮演強化的角色，同時又不致威脅到我們的各項自由，而且主張，我們既然在可預見的未來都無法沒有政府，就應該好好想想，我們想要的是哪一種政府。不管怎麼說，在整個二十世紀裡美國所制定的最好的法律與社會政策（也就是今天有人以效率與「少一點政府」之名而強力要求我們廢除的那些東西），在實踐的層次上，對應的就是歐洲人向來所說的「社民主義」。我們的問題不在於該做什麼，而在於該如何談論這件事。

歐洲的困境跟我們有點不一樣。許多歐洲國家長期以來都實行某種類似社會民主主義的制度，但是他們已經忘記該怎樣鼓吹這件事。今天的社會民主人士都在防衛與辯護，而那些主張歐洲模式過於昂貴或在經濟上無效率的評論者，已經不再受到挑戰了。不過，福利國家在受益人之間受歡迎的程度不會稍減。如果說要廢除公共衛生服務、終止免費或補助的國民教育或縮減大眾運輸與其他重要公共服務的提供，你在歐洲找不到任何一個選區會支持這種主張。

我想要同時挑戰大西洋兩岸的傳統見解。誠然，我想批評的目標已有明顯的軟化。本世紀最初的幾年裡，「華盛頓共識」（Washington consensus）占據著主流地位。不管走到哪裡，你都能遇到一位經濟學家或「專家」向你闡釋，

2〔編注〕libertarians，指信仰個人自由與自主權的人，在美國尤指主張市場放任和最小政府干預的政治派別。

撤銷管制、小政府以及低稅率有哪些優點。彷彿這樣，公部門能做的任何事，私人個體都能做得更好。

這套華盛頓信條在所有地方都受到意識形態啦啦隊的歡迎：從在「愛爾蘭奇蹟」（即「塞爾提克之虎」〔Celtic tiger〕的房地產泡沫暴漲）中獲取暴利的人，到前共產主義歐洲信奉教條主義的極端資本主義者。就算是「老歐洲人」也被這一波風潮席捲。歐盟的自由市場計劃——所謂的「里斯本策略」（Lisabon agenda）、法國與德國政府熱衷推動的種種私有化計劃，這一切都證明了這種信條的影響力，被法國評論界形容為新「唯一思想」（pensée unique）。

今天我們已經見到部分的覺醒。為了防止國家破產以及大批銀行倒閉，許多政府與央行總裁們已經實施重大的政策轉向，慷慨地投注公共預算以追求經濟的穩定，而且果斷地將瀕臨倒閉的公司納入政府接管。一群原先拜倒在米爾頓．傅利曼（Milton Friedman）及其芝加哥同事們腳底下的自由市場派經濟學者，為數可觀地排成負荊請罪的隊伍，重新宣示要忠誠地紀念約翰．梅納德．凱因斯（John Maynard Keynes）。

這些都令人非常滿意。但這幾乎算不上思維革命。剛好相反：如歐巴馬政府回應所顯示的，這些返回凱因斯經濟的動作不過是戰術撤退。新工黨（New Labour）的情況也大致相同，他們跟從前一樣普遍關注私部門，特別是倫敦的金融市場。誠然，這場危機造成的效應之一，就是降低了歐洲人對「英美模式」的熱情，但是最主要的得利者同樣是那些中間右派政黨，而曾一度熱切仿效華盛頓共識的也就是他們。

簡言之，我們實際上需要強勢的國家與干預型政府，這一點無需爭辯，但是沒有人「重新思考」這樣的政府該是什麼模樣。大家仍然明顯地不願意為了集體利益或原則的緣故，為公部門辯護。引人注目的是，在金融崩潰後歐洲進行的一連串選舉裡，社會民主政黨得票的狀況都很糟糕；儘管市場崩潰了，他們卻拿不出比別人更好的辦法來因應。

如果左派要重新成為可以被認真考慮的選項，就必須找到自己的聲音。有太多值得憤怒的事：財富與機會的不平等日益擴大；階級與權貴的不正義；國內與國外的經濟剝削；阻塞民主政治血脈的腐敗、金錢與特權。但是如果只是指出「體制」的缺失後便撤退，像羅馬總督彼拉多（Pilate）那樣洗手旁觀、推卸責任，接著對後果漠不關心，這種做法已經行不通了。多年以來，左派不負責任地只是在口頭上討好群眾，卻未能為自身贏得更多支持。

我們已經來到一個不安全的時代——經濟不安全，人身不安全，政治不安全。我們大多數人對此並沒有警覺，但這並不能帶來安慰：一九一四年時很少人預料到，他們的世界將徹底崩潰，經濟與政治的災難將隨之而來。不安全會孳生恐懼。而恐懼——對改變的恐懼，對衰敗的恐懼，對陌生人以及不熟悉的世界的恐懼——正在腐蝕信賴與互相依賴，也就是市民社會存在的基礎。

一切改變都會製造破壞。我們已經看到，光是恐怖主義的幻覺就足以讓穩定的民主社會陷於混亂之中；氣候變遷將會帶來更劇烈的影響。人們將被迫倚靠國家的資源。他們將尋求他們的政治領導者與民意代表來提供保護，他們將要求這個開放社會站到被檢討的位置上，要求為了「安全」必須犧牲自由。人們的選擇將不再是政府或市場，而是只能在兩種政府之間選擇一個。因此，重新思考政府的角色，是我們義不容辭的任務。如果我們不這麼做，別人就會代我們決定。

下面提出的論述，最早是我在二〇〇九年十二月《紐約書評》上的一篇文章中概略擬定的。在那篇文章發表之後，我得到許多有意思的回應與建議，其中有一位年輕的同事提出了深刻的評論。她寫道，「你那篇文章最令人感到當頭棒喝的，不完全是內容，更是形式。你說到對於我們在政治上默不做聲感到憤怒；你寫到有必要對我們由經濟驅動的思考方式做出異議，以及迫切需要找回一種具有倫理意識的公共對話。現在已經沒有人這樣講話了。」因此我寫了這本書。

「人若要看清楚他鼻子前面的東西，
需要不斷的努力與鬥爭。」
——喬治・歐威爾 George Orwell

CHAPTER 1
The Way We Live Now

我們現在的生活方式

環顧四周，我們看見個人財富的水平之高，達到從二十世紀早期以來前所未見的程度。人們毫不遮掩地消費過剩的商品——房屋、珠寶、汽車、衣服、科技玩具——在過去的一個世代裡這種消費大幅擴大了。在美國、英國以及好幾個其他國家裡，金融交易已經取代了商品的生產或服務，而成為私有財富的來源，扭曲了我們為各種經濟活動所賦予的價值。有錢人，就跟窮人一樣，雖然從來就存在，但是跟其他人比較起來，他們比起人類有記憶以來的任何時代，都更有錢也更醒目。私部門的特權還容易理解與描述，但是要傳達我們的公部門已經掉入何等嚴重的荒蕪與破敗，則是相當困難。

私部門富裕，公部門破敗

「如果大多數成員過著貧困與悲慘的生活，沒有任何社會能夠確保繁榮與幸福。」

——亞當．斯密 Adam Smith

貧困是一種抽象概念，甚至對窮人而言也不例外。但是集體的貧困完全與我們息息相關。殘破的高速公路、破產的城市、坍塌的橋樑、失能的學校、失業、低薪與沒有保險，這一切都指出人民意志的集體失敗。這些缺陷如此廣泛流行，以至於我們再也不知道該如何討論哪裡出了錯，更不用說如何修補改正。然而有某種東西不對勁，而且非常嚴重。正當美國能夠把數百億美金的預算投注在阿富汗徒勞無功的軍事行動之際，我們卻仍然焦慮地擔心，提高任何社會服務或基礎建設項目的公共開支會不會帶來負面影響。

要了解我們已經跌落到何等的深淵，首先要認識到，是哪些改變把我們甩在後面。從十九世紀晚期直到一九七〇年代，在所有西方先進的社會中，不平等的情況都在減少。由於累進稅制，政府對窮人實施補貼，提供社會福利，並為急難伸出援手，現代的民主政治同時消滅著極端的富裕與極端的貧窮。

誠然，在許多方面上各國還是有很大的差別。斯堪地那維亞各國這些本質上平等的國家，與南歐各個貧富差距較懸殊的社會一直都顯著不同；而環大西洋的英語國家以及過去大英帝國所涵蓋的地區，也繼續保有著長期的階級區隔。但是每個社會都以各自的方式，對過度的不平等有應對之道，並由公部門提供資源，以補償私部門無能為力之處。

然而在過去的三十年裡，我們把所有這些都拋棄了。確實，這個「我們」會因不同國家而異。最極端的私部門特權與對公部門最嚴重的漠視，在美國與英國重出檯面，他們是熱切要求對市場資本主義解除管制的大本營。雖然像紐西蘭、丹麥、法國與巴西這些相距如此遙遠的國家不時也表達過類似的興趣，但是沒有哪一個國家像英國或美國這樣，三十年來堅定不移地廢除過去數十年的社會立法與經濟監管。

在二〇〇五年，美國僅僅百分之一的人賺取了國民所得中的百分之二十一點二。一九六八年時，通用動力（General Motors）執行長的全部收入，包括薪水與紅利在內，約當一位普通通用動力員工收入的六十六倍。現在（二〇一〇年）沃爾瑪（WalMart）執行長賺的錢是其僱員平均薪資的九百倍。事實上，同一年沃爾瑪創辦人家族所握有的財富（根據估計為九百億美金），約當美國最窮的百分之四十人口的財富總和：那是一億兩千萬人。

英國現在也比一九二〇年代以來的任何時候都更貧富不均——無論在所得、財富、健康、教育與生涯發展機會上。英國的貧困兒童人數，比歐盟境內任何其他國家都更多。自一九七三年以來，實得工資[1]不均等的增加幅度，比任何其地方都高，只次於美國。在一九七七至二〇〇七年之間，在英國創造的工作機會，絕大多數都屬於工資等級的最高或最低端。

結果十分清楚。跨世代的社會流動性整個崩潰了：跟父母輩與祖父母輩比較起來，今天在英國的兒童們跟在美國的一樣，只有非常小的機會改善自己出生時所處的生活條件。窮人會一直是窮人。對壓倒性的大多數人而言，經濟上的不利會轉換成疾病、就學中輟，以及我們越來越常見到的一些憂鬱

1〔譯注〕take-home pay，扣除所得稅與保險之後的薪資所得。

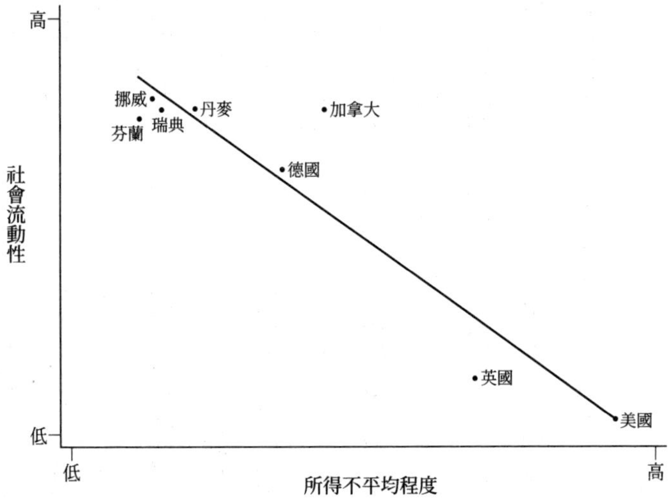

社會流動性與貧富不均

（來源：Wilkinson & Pickett, *The Spirit Level*, Figure 12.1, p. 160）

症的表現徵狀：酗酒、肥胖、嗜賭以及較小的犯罪行為。失業者或不充分就業者喪失了他們原先所學得的技能，並且長期地不被經濟所需要。焦慮與壓力常常隨之而至，更不用說疾病與早逝。

收入的差異使這問題更為嚴重。這也是為什麼在英國與美國，精神疾病的發生率與收入密切相關，然而在歐陸上所有的歐洲國家，這兩個指標關聯性非常小。甚至連信賴感，即我們對本國其他公民的信任，也跟收入差異構成負相關：在一九八三與二〇〇一年之間，美國、英國與愛爾蘭國內的不信賴感有顯著的增加——最堅持把「不受監管的個體私利」的信條適用到公共政策上的，也正是這三個國家。我們找不到第四個國家，其互相不信任感的增長能與此相提並論。

甚至在個別國家**之內**，貧富不均也關鍵性地決定了人民的生活。比如在美國，你有多大機會過著長壽與健康的生活，跟你的收入密切掛鉤。富裕區域的居民可以預期自己活得更久也更好。跟富裕的州比較起來，美國貧困州的年輕女性更容易在十幾歲就懷孕，同時她們的小孩存活率也較低。同樣

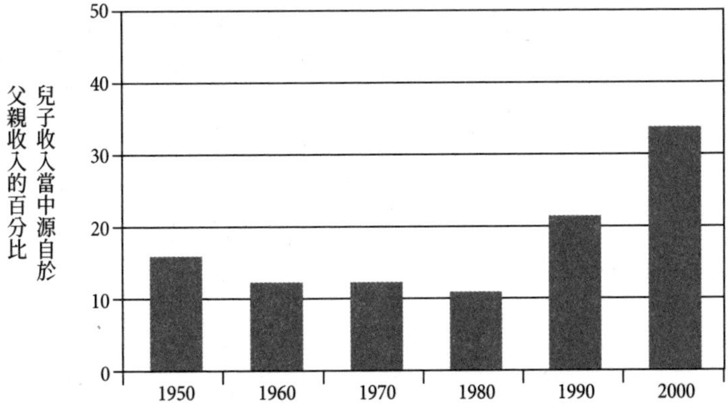

美國的社會流動性

（來源：Wilkonson & Pickett, *The Spirit Level*, Figure 12.2, p. 161）

地，經濟弱勢的兒童有較高的機會讀不完高中；但如果這名兒童的父母住在美國的繁榮地區，也有中等程度且穩定的收入，那他就有較高的機會讀完高中。至於那些留在學校裡的窮困家庭的孩子，他們的表現比較差，拿到比較低的分數，較難達到自我實現，受僱薪資也較低。

因此，貧富不均並不只是個孤立的壞現象，還跟種種社會病態的問題互相對應；如果我們不關注背後的原因，就根本沒有解決這些問題的指望。嬰兒死亡率、預期壽命、犯罪、囚犯數量、精神疾病、失業、肥胖、營養不良、少女懷孕、吸毒、經濟不安全、個人負債以及焦慮——這些問題在美國與英國都比在歐陸上的任何國家突出許多，並不是沒有原因的。

在富裕的少數與貧困的多數之間，差距愈大，社會問題就愈嚴重：這句話看起來無論對富裕國家或貧窮國家都一體適用。重點不在於一個國家有多富裕，而在於有多不平均。準此，在瑞典和芬蘭（以國民平均所得或人均國內生產毛額計算，他們是世界上最富裕的兩個國家），最富裕者與最貧窮者之間只有非常窄小的差距，而且在可計量的幸福指標上，他們長期都站在排

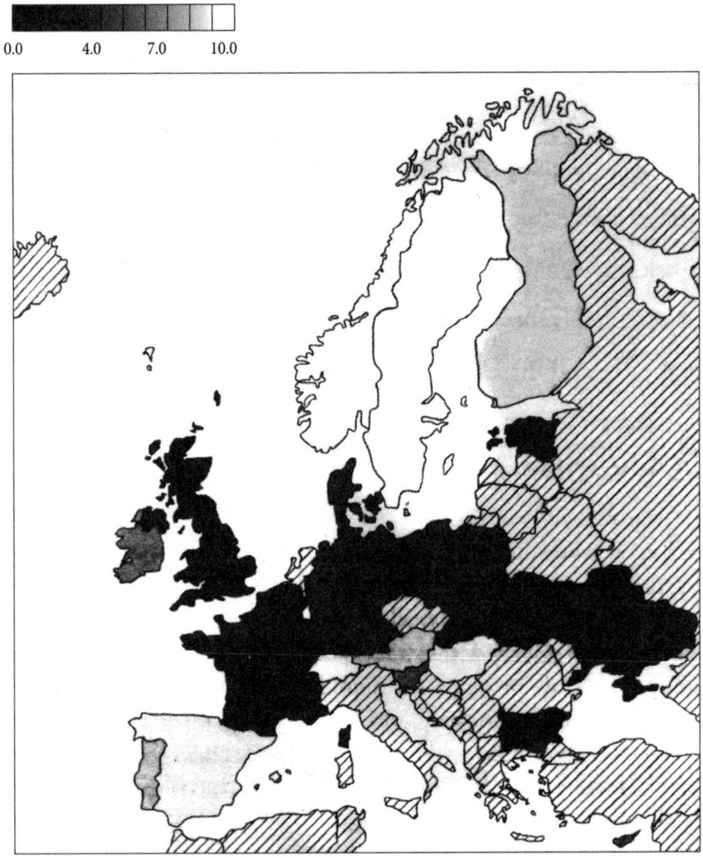

歐洲的信賴感與歸屬感地圖

（來源：Tim Jackson, *Prosperity Without Growth: Economics for a Finite Planet* [London: Earthscan, 2009], Figure 9.1, p. 145）

行榜的頂端。相反地，美國雖然總和擁有非常巨量的財富，但是在幸福指標裡總是排在後面。我們在醫療健康上投注了巨量的金錢，但是美國的預期壽命一直比波士尼亞低，也只勉強高於阿爾巴尼亞。

貧富不均能造成許多侵害，能讓社會從內部敗壞。物質條件的差異需要一些時間才會顯露，但是時機成熟後，人們對地位與財物的競爭將會升高；人們越來越感覺到一種以財產為基礎的優越感（或自卑感）；對處在社會階梯低層者的偏見變得更難打破；犯罪激增，社會劣勢者的病態表現也變得越來越顯著。不受監管的財富生產活動，留下了苦澀的後果。[2]

2 這個論述最近的最好陳述可見Richard Wilkinson and Kate Pickett, *The Spirit Level: Why More Equal Societies Almost Always Do Better* (London: Allen Lane, 2009)。我這個段落裡有很大部分的材料承蒙他們提供。

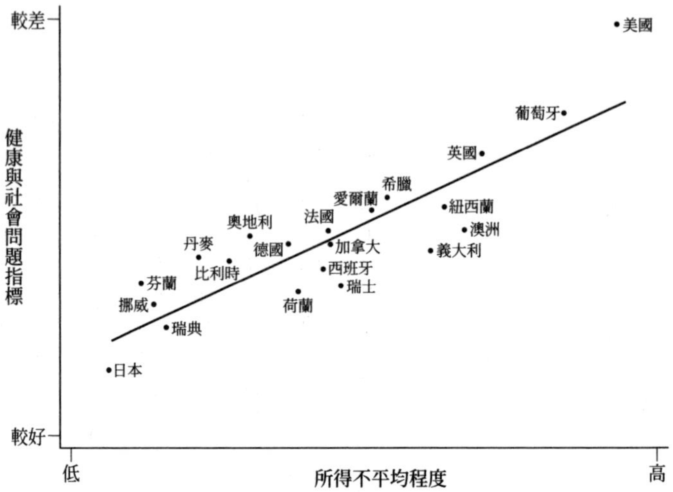

貧富不均與疾病關係圖

（來源：Jackson, *Prosperity Without Growth*, Figure 9.2, p. 155）

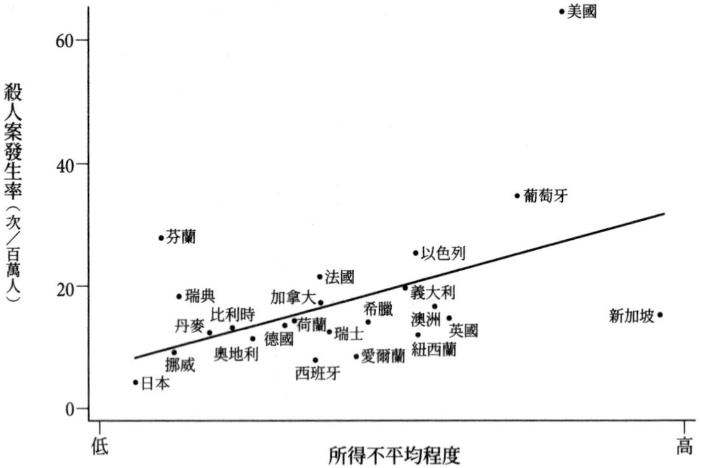

貧富不均與犯罪關係圖

（來源：Wilkinson & Pickett, *The Spirit Level*, Figure 10.2, p. 135）

1	我們現在的生活方式 The Way We Live Now

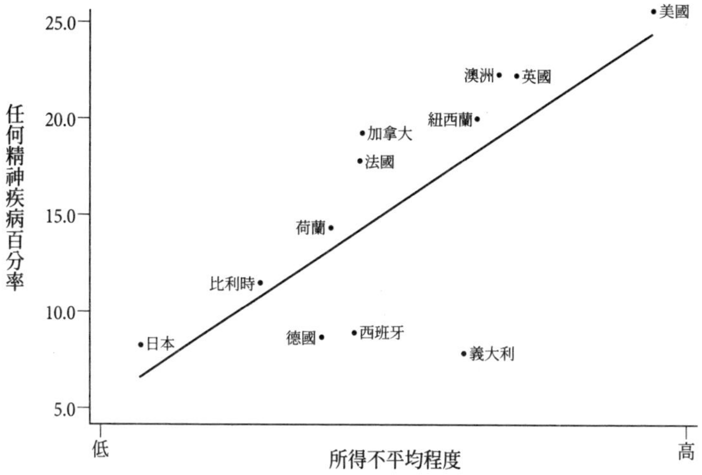

貧富不均與精神疾病關係圖

（來源：Wilkinson & Pickett, *The Spirit Level*, Figure 5.1, p. 67）

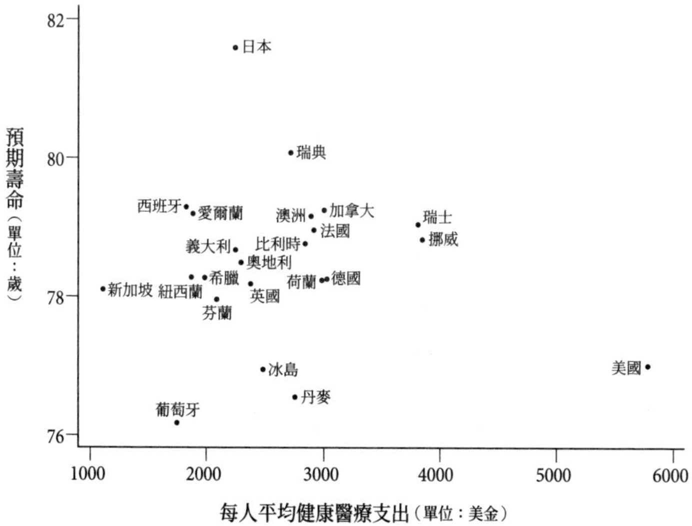

健康醫療支出與預期壽命關係圖

（來源：Wilkinson & Pickett, *The Spirit Level*, Figure 6.2, p. 80）

敗壞的道德情感

「沒有哪一種生活條件是人無法適應的，特別是，如果他看到身邊每個人都接受的話。」
——列夫．托爾斯泰，《安娜．卡列妮娜》

在那個長達數十年「尋求均富」（equalization）的期間裡，大家普遍相信，這類改善可以永遠進行下去。貧富不均的消除是一件自我證明的事：我們越是均富，就越相信更均富是可能的。相反地，近三十年來不斷擴大的貧富不均，已經使得特別是英國人與美國人確信，貧富不均是生活的自然狀態，人類對此無能為力。

只要一談到減輕社會困苦時，我們都假設經濟「成長」就足以解決問題：餅變大之後，繁榮與利益會以自然的方式擴散開來。很可惜，一切證據都指出反面才是真的。在艱困時期，我們更容易接受財富重分配，並相信這是必要與可能的；但是在富裕的時代，經濟成長一般說來都獨厚少數人，同時讓多數人的相對弱勢更加惡化。

我們對這一點總是視而不見：總體財富的增加，掩護了分配的不均。這個問題在落後國家的發展中非常常見——經濟成長雖然給所有人帶來好處，但是讓一群極少數人不成比例地收割其成果。當前的中國或印度很清楚地說明了這一點。然而像美國這種完全發展的經濟體，「基尼係數」[3]竟然幾乎跟中國一樣，是很值得注意的。

生活在分配不均及其病態後果之中，是一回事，但是為之陶醉與歡欣，則完全是另一回事。我們到處都見到人們有一種顯著的傾向，對龐大的財富感到欽羨，並且把富人當成名人來看待（「富豪與名人的生活方式」）。[4]這種狀況從前也曾出現過：十八世紀時，亞當・斯密（Adam Smith，古典經濟學的開

3〔譯注〕Gini coefficient，傳統上用來衡量貧富差距的指標。

4〔譯注〕〈Lifestyles of the Rich and Famous〉，美國龐克搖滾樂團狂野夏洛特（Good Charlotte）二〇〇二年的一首暢銷流行歌，嘲諷富豪與名人，以及民眾對這些人的崇拜。

山祖師）在與他同時代的人們身上，觀察到同樣的傾向：「人類當中廣大的群眾都欽羨財富與崇拜偉大；而且看起來或許特別奇怪的是，他們的欽羨與崇拜絕大多數都與自身的利益無關。」[5]

對亞當・斯密來說，這種對於財富自身的無差別仰慕，不只令人倒胃，而且對於一個現代商業經濟體來說，甚至是一個具有潛在毀滅性的特性；假以時日，這種特性有可能瓦解資本主義存在所需的條件本身，使資本主義無法存續下去：「人們傾向讚美、甚至崇拜富人與權勢者，而且傾向鄙視、或至少忽略窮困與社會地位低落的人……這是我們道德情感（moral sentiments）之所以敗壞最大也最普遍的原因。」[6]

我們的道德情感確實已經敗壞了。對於表面上看似合理的社會政策，我們越來越不在乎當中有人為此犧牲，特別是當官員告訴我們：這些政策將會帶來全面的榮景，並隱含將促進我們個別的利益時，比如一九九六年的個人責任與工作機會法案（Personal Responsibility and Work Opportunity Act）（一個顯露歐威爾風格的名稱），這是一項在柯林頓時代試圖削減社會支出的法案。這項法案標舉的目的是縮減國家的社會福利支出。手段是，誰要是沒有尋求有薪給的工作（或者有找到但是予以拒絕），國家就停止他的社福補助。這樣一來，求職者為了保住社福補助，再差的工作條件也不敢拒絕，僱主不管出什麼樣的價錢幾乎都能找到人；於是不僅社會福利支出明顯減少了，就連薪資與企業成本也隨之下降。

再者，社會福利被賦予一個刺眼的污名。接受公共救助的人，不論是領取兒童津貼、食物券或失業津貼，都成了該隱的記號[7]——一個標記了個人失敗的記號，證明他多多少少跌進了社會的裂縫裡。現在在美國，失業率節節攀升，待業中的男女就是這樣被貼上了污名，他們不算是社群中完整的一分子。即便在實施社會民主主義的挪威，一九九一年的社會服務法案（Social

5 Adam Smith, *The Theory of Moral Sentiments* (Mineola, NY: Dover Publication Classics, 2006, original publication 1759), p. 59.

6 同上，p. 58.

7 〔譯注〕Cain，舊約人物，亞當與夏娃之子，在殺死兄弟亞伯之後流亡，上帝在他身上加了一個記號（以保證誰要是殺了他，將受七倍報復）。

Service Act）也授權地方行政機關得以強制任何申請社會福利的人接受相應的工作。

這項立法的條款應該讓我們想起將近兩百年前在英國通過的另一項法案：即一八三四年的新貧法案（New Poor Act）。這項法案的條款我們很熟悉，因為狄更斯（Charles Dickens）在《孤雛淚》（*Oliver Twist*）中對這個新貧法的運作多所描述。在大家耳熟能詳的一幕裡，當諾亞・克雷波爾（Noah Claypole）譏笑奧利佛、稱他為「濟貧院」（Work'us，即Workhouse）時，他的意思在一八三八年，跟我們今天輕蔑地說某人是「社福女王」時所傳達的沒有兩樣。

新貧法案引起很大的憤怒。這項法案強迫窮人與失業者要嘛無論工資有多低也得接受工作，不然就只能忍受濟貧院的恥辱。在濟貧院，跟十九世紀其他形式的公共救助（仍然被認為、也被描述為「施恩的慈善」）一樣，救助與支持的水平被設定在僅比其他最糟糕的選項稍微好一點的程度。這項法律援引了當時的經濟理論：在一個有效率的市場裡，不可能發生失業的狀況；如果工資跌得夠低，而且不存在更有吸引力的選擇，那麼所有人最終都會找到工作。

在接下來一百五十年中，改革者們試著廢除這種損害人民尊嚴的措施。隨著時間的推進，英國的新貧法案以及其他國家類似的法律被廢止了，改成把國家對人民提供社會援助視為一種人民應有的權利。失業的公民不再因為他失業的不幸而被貶損；他們不再因為個人的處境而受懲罰，他們作為社會一分子的正常身分也不再被損害。最重要的是，二十世紀中期的福利國家確立了一件事：市民的身分如果用經濟地位來界定，在道德上是站不住腳的。

維多利亞時代的自願主義[8]與懲罰性的篩選條件被取消了，改成人人適用的社會援助，雖然不同國家的情況差異也很大。這時，無工作能力或者找不到工作者不再被貼上污名；儘管生活上依賴同儕市民，但被視為偶然的、絕非可恥的狀況。貧困者的需要與權利受到特殊的尊重，把失業跟性格惡劣與努力不足化上等號的時代已經成為過去。

8〔譯注〕voluntarism，指救助的一方是出於自願行為，而非基於被救助方有何權利。

然而今天，我們重新採取了我們的先人在維多利亞時代的態度。我們再度只相信動機、「努力」與回報，以及應該懲罰那些不能勝任的人；只消聽比爾·柯林頓或瑪格麗特·柴契爾的解釋：讓所有需要的人都取得社會救助是愚蠢的。如果勞動者沒有陷入絕望，他們怎麼會工作？如果國家付錢讓人民無所事事，他們怎麼有動機尋找有薪給的僱用？我們已經返回啟蒙時代經濟理性的那種嚴格、冷酷的世界；對這套經濟理性，一七三二年柏納德·曼德維爾（Bernard Mandeville）的《蜜蜂的寓言》（*The Fable of the Bees*）做出了最早也是最好的表達。在曼德維爾的觀點裡，「要讓勞工站起身來提供勞務，除了匱乏再沒有其他手段。緩解他們的匱乏是明智的，但是完全解決則是愚笨的。」東尼·布萊爾也不能說得比他更好。

福利制度的「改革」重啟了令人畏懼的「資源審查」。如同喬治·歐威爾的讀者會想起的，在經濟大蕭條年代的英國，窮人在獲得貧困救助之前，當局必須透過種種侵入性的調查，確認申請者已經耗盡了自己所有資源。一九三〇年代美國的失業者也要面對類似的調查。麥爾坎·X（Malcolm X）在回憶錄裡敘述了官員們如何把他的家人「從頭查到腳」：「每個月的福利調查就是他們的通行證。他們的所作所為，就好像擁有我們一樣。儘管我母親非常不願意，但仍無法把他們擋在門外……我們不了解，如果國家願意給我們一包一包的肉、一袋一袋的馬鈴薯與水果以及各式各樣的罐頭，為什麼我們的母親卻顯然痛恨接受這些。後來我明白過來，我的母親當時竭盡全力地想維護的，是她的尊嚴以及我們的尊嚴。尊嚴就是我們當時必須保護的一切，因為在一九三四年時，我家真的開始困難重重了。」

跟普遍相信的（而且成為英美政治人物口中話術的）剛好相反：很少人接受衣物、鞋子、食物、房租津貼或兒童就學補助時會感到快樂。非常簡單，這些都會侮辱一個人。在過去二十世紀裡，社會改革當中的一個核心綱領，就是在重建社會失敗者的尊嚴與自尊。今天，我們又背棄這一群人了。

雖然近年來盎格魯撒克遜的「自由企業」、「私部門」、「效率」、「利潤」、「成長」模式受到廣泛且未經批判的讚譽，但是只有愛爾蘭、英國與美國才沾沾自喜地嚴格實施這個模式。關於愛爾蘭沒什麼好多說，所謂「勇敢的塞爾提克小老虎」的「經濟奇蹟」，是建立在管制鬆綁與低稅率的政策上，這些當然會吸引跨國投資與熱錢。政府收入必然減少，短缺的部分則由倍受怨恨的歐盟補貼填上，而歐盟最大的資金來源還是這些據說是無能的「老歐洲」經濟體如德國、法國與荷蘭。當華爾街的歡樂派對垮掉，愛爾蘭的泡沫也應聲破滅，這個泡泡短時間內再也吹不起來。

英國的案例比較有趣：英國摹仿美國制度的最壞之處，同時又沒能讓英國的社會與教育的階級流動性更為鬆動——後者卻是美國進步最鮮明的特色。整體來說，英國經濟從一九七九年以後就尾隨其美國老大哥一路下滑，期間不只忽略了經濟變遷的受害者，而且還以犧牲國家的工業基礎為代價，不顧一切地熱烈發展金融服務。英國從一八八〇年代直到一九七〇年早期，銀行資產占國內生產毛額比例一直穩定維持在百分之七十左右，但是到了二〇〇五年，這個數字超過了百分之五百。隨著國家整體財富的增長，倫敦以外以及特倫特河（Trent）以北大多數地區的貧困，也跟著日益惡化。

誠然，即便柴契爾也無法把福利國家拆得一乾二淨，因為最熱切推她登上權力的低階中產選民，同時也是福利國家的主要支持者。因此，跟美國不同，英國的底層民眾雖然愈來愈多，但是都還能獲得免費或便宜的醫療服務、不高但保證可領取的年金、殘餘的失業救濟，以及沒有完全消失的國民教育。如果英國「破碎了」，如近年來某些觀察者所結論的那樣，至少破片們被一張安全網救了起來。如果要找一個陷溺在繁榮與美好未來的幻覺裡、讓失敗者只能靠自己勉力存活的國家，我們只能——很遺憾地——朝美國看去。

美國的特殊性

「如果我們深入一點觀察美國人的國民性格，
就會看到，他們在評價世界上一切事物的價值時，
憑藉的僅僅是單一問題的答案：
『這能賺進多少錢？』」
——亞利克西斯．德．托克維爾

不用看經濟合作與發展組織（OECD）的圖表，也不用跟任何問題少的國家比較，許多美國人都很清楚，美國有些地方大有狀況。他們的日子不像過去有段時間那麼好。每個人都希望他們的小孩出生時就有更好的人生機會、更好的教育、更好的就業展望。他們希望，妻子或女兒能跟其他先進國家的婦女有同樣高的機會做一位母親。他們會很高興有低成本但完整的醫療照顧，更高的預期壽命，更好的公共服務，以及更低的犯罪率。然而，如果你

對他們說，這些好處在西歐國家都找得到，許多美國人會回答：「但是他們是社會主義！我們不希望國家干涉我們的事情。而且最重要的，我們不想付更多的稅。」

這個奇怪的認知衝突其來有自。一個世紀以前，德國社會學家維爾納・桑巴特（Werner Sombart）提了一個著名的問題：「為什麼美國沒有社會主義？」針對這個問題有很多回答。有些認為跟國家太過廣闊有關，因為許多共通目標很難在帝國的規模上予以組織與維持，而且美國實際上就是個內陸的帝國。

此外，還有文化因素，其中最惡名昭彰的就是對中央政府的美國式疑忌。雖然有些非常遼闊且有區域差異的大國（比如中國或者巴西）仰賴與地方距離遙遠的國家權力與主導來運作，但是美國在這個方面上完全是十八世紀盎格魯蘇格蘭思想的產物，其立國的基本構想，就是中央政府的干預應該被屏障在每一條界線之外。美國權利法案（American Bill of Rights）的前提（凡是沒有明確歸屬於聯邦政府的，就都是屬於個別州的專屬權力）在過去的幾個世紀中，深深地烙在一代又一代的拓荒者與移民們的腦海裡，他們有權叫華盛頓「別來管我們的生活」。

這種對國家當局的猜忌，每隔一段時間就會被有些人升高成一種風潮，比如「一無所知黨」[9]、州權力至上論者[10]、抗稅運動者、以及最近的共和黨右派煽動家的電台脫口秀；這是美國特有的現象。美國人對於納稅本來已有顯著的猜疑（無論有無政治代表），現在這種猜疑更被轉化成愛國主義的信條。在美國，繳稅通常都視為毫無回報的收入損失。至於稅收的另一面，被用於提供個人永遠無法負擔的公共財（比如道路、消防隊、警察、學校、路燈、郵局，更不用說軍隊、戰艦與武器等），這種看法很少人會想到。

在歐陸，就跟在其他已發展國家裡一樣，「任何人可以完全靠自己的雙手成功致富」，這種想法已經隨著十九世紀個人主義幻覺的破滅而消失了。我們都受到前人的庇蔭，年老或生病時也都依賴其他人的照顧。我們都仰賴許多服務，這些服務的費用必須由我們與其他市民一起承擔，不論我們在經濟上過著多麼自私的生活。但是在美國，「自律而有企業家精神的個體」這樣的理想，從來都讓美國人心生嚮往。

然而，美國並非一向與其餘的現代世界格格不入。即便在傑克遜（Andrew Jackson）總統或雷根（Ronald Reagan）總統的時代是如此，但是影響深遠的新政社會改革以及林頓・詹森（Lyndon Johnson）總統一九六〇年代推行的大社會（Great Society）政策來說，此言就完全不適切。在一九三四年拜訪華盛頓之後，凱因斯寫信給菲利克斯・法蘭克福特爾（Felix Frankfurter），說：「這裡才是世界經濟的實驗室，而非莫斯科。掌舵的這些年輕人太出色了。對於他們的能力、聰明與智慧，我只有瞠目結舌。有時候也會遇到一個還是兩個應該被丟出窗外的古典經濟學家——不過這批人大多數早被扔出去了。」

六〇年代由民主黨領導的國會也有可觀的企圖心與成就；他們創造了食物券、醫療保障方案（Medicare）、一九六四年的民權法案、醫療補助計劃

9 〔譯注〕Know Nothings，十九世紀中葉的美國黨派。

10 〔譯注〕States' rightists，認為州與聯邦決定衝突時，州的決定占更高地位。

（Medicaid）、提早就學方案（Headstart）、美國國家人文學術基金、美國國家文藝基金與美國公共廣播公司。這些也都不能說是與其他國家格格不入。如果這是美國，那麼這跟「老歐洲」有一種耐人尋味的相似性。

再者，在某些面向上，美國生活中的「公部門」比歐洲的公部門有更清晰的面貌、發展更完整、也受到更高的尊敬。最好的例子就是政府提供了第一流的高等教育機構——這件事美國做得比大多數歐洲國家更久也更好。美國有許多贈地大學（land grant colleges），它們後來成為加州大學、印地安納大學、密西根大學以及其他許多國際知名的教育機構，但在美國以外沒有類似的案例。[11]常被低估的社區大學也是美國特有的。

再者，雖然負擔不起全國鐵路系統，但是美國人不只以納稅人的錢建立起全國高速公路網；今天，他們甚至在某些主要城市裡提供了運作良好的大眾運輸系統，而同一時間，英國人想不出任何更好的辦法，只知道把大眾運輸用跳樓大拍賣的價格賤賣給私有部門。誠然，美國公民一直沒能力為自己建立一套最低標準的公共醫療體系；但是「公共」，在國家的辭典裡，並非向來就是可恥的惡名。

經濟至上主義及其不滿者

「一旦我們能讓自己不再屈從會計師的利潤考驗，我們就開始改變我們的文明了。」

——約翰．梅納德．凱因斯

為什麼我們即便只是**想像**一種不同的社會，也會遭遇如此大的困難？為什麼構想一種不同的安排與配置來實現我們共同的利益，會如此超乎我們的能力？我們是否注定永遠要在一個運作不良的「自由市場」與（如同被大肆

11〔譯注〕美國聯邦依據一八六二年的莫理爾法案（Morrill Acts），向州政府贈與聯邦所擁有的土地，讓州政府設置大學或者販售土地籌建大學，所建立的學校即為贈地大學。這些學校後來多半轉型成大型公立大學。

宣傳的那樣）充滿恐怖的「社會主義」之間跌跌撞撞？

我們的失能，在於**論述**：我們根本不再知道該如何討論這些事情了。過去三十年裡，每當被問起是否支持一個政策、一項提案或一種主張，我們都把思考限制在獲利或損失的議題上——也就是最狹隘意義下的經濟問題。但是這並非人類直覺的本性，這是後天養成的。

這個問題從前就出現過。一九〇五年，當年輕的威廉·貝福利傑（William Beveridge，他後來於一九四二年的報告，奠定了英國作為福利國家的基礎）在牛津大學講課時，問道，為什麼在大眾的爭論裡，政治哲學會被古典經濟學掩蓋掉？貝福利傑這個問題，在今天仍然有效。然而，政治思想的衰退與消失，跟偉大的古典經濟學家的著作並沒有關聯。

事實上，早在兩個世紀之前就有人擔心過，我們對公共政策的考量可能會被侷限在經濟計算裡。十八世紀法國人康道塞侯爵（Marquise de Condorcet），這位商業資本主義早期年代中最有洞見的作者之一，就帶著厭惡之情預先指出，「在一個貪婪的民族／國家（nation）眼裡，自由將不過是保證財務運作安全的必要條件。」這個年代的種種革命致使人們誤以為，賺錢的自由跟自由本身是同一回事。

我們也有一樣的混淆。在今天，標準的經濟推論都用「理性選擇」來描述人類行為（因為不能預見也無能阻止二〇〇八年的銀行崩潰，這套推論失了不少血，但顯然並未因此破產）。這套經濟論述主張，我們全都是經濟的動物。我們追求自己的利益（其定義為經濟利益極大化），極少考慮經濟之外的判準，例如利他主義、自我否定、品味、文化習慣或集體目標。只要擁有充分且正確的關於「市場」的資訊——不管是真正的市場或為了買賣股票與證券而設置的機構——我們就會做出最好的選擇，來實現自己個別的以及共同的利益。

這些說法是否包含任何真理，並不是我在這裡所關切的。今天沒有誰還能一本正經地主張，所謂「效率市場假說」還有成立的餘地。老一代的自由市場經濟學家常常指出，社會主義計劃經濟的問題，在於這種計劃需要一種（關於現在與未來的）完美知識，然而這是任何凡人從來無法獲得的。這樣說並沒有錯。但是我們知道，同樣的批評也適用於自由市場理論者：他們也不知道所有的事情，而且結果是，他們並不真正知道任何事。

凱因斯用「虛假的準確性」[12]指控那些批判他的經濟學家——這個毛病仍然在我們身上。甚至更糟的是，我們在經濟論述裡走私了一套有道德假象的辭彙，在完全功利主義的算計之上，罩上一層自我感覺良好的光圈。比如說，當要對窮人進一步削減福利支出時，英國與美國的立法者都為了做出「困難的決定」而為自己感到很大的驕傲。

窮人的投票率比任何其他群體都低，所以懲罰窮人的政治風險是很低的，因此這種決定能有多「困難」？在這個時代，我們因為鐵石心腸地讓他人遭受痛苦而感到驕傲。如果舊日的用法仍然通用，也就是「鐵石心腸」代表**忍受**痛苦而非讓他人遭受痛苦，那麼我們或許應該好好想一想，是否應該如此冷酷地把效率當作比同情更高的價值。[13]

若真如此，那麼我們**應該**如何討論我們所選擇的社會運作方式？首先，我們不能繼續在道德真空中評價我們的世界與我們所做的選擇。即便我們能夠確定，有充分資訊與充分自覺的理性個體總是能夠選擇自己的最佳利益，我們還是得問，那些利益究竟**是什麼**。這些利益無法從他的經濟行為推導而知，因為那樣就變成循環論證。我們需要問，這些男人與女人需求的是什麼，以及那些需求在什麼條件下可以被滿足。

很明顯地，我們不能缺少**信賴**。如果我們真的互相不信賴，我們將不會為了互相支持而繳稅。我們也將不敢出門去稍遠的地方，因為害怕那些不能引起信賴的同儕市民對我們施加暴力或欺騙。再者，信賴並非抽象的美德。今天資本主義之所以受到如此眾多批判者的圍攻（絕非所有人都來自左派），其中一個理由，就是因為市場與自由競爭也需要信賴與合作。如果我們不能信賴銀行業者誠實辦事，或者不能相信抵押貸款經紀人關於他們辦理的貸款

12〔譯注〕false precision，指所使用的經濟模型與統計方法推出的結果，其準確度超過統計與模型實際上所能支持。

13 Avner Offer, *The Challenge of Affluence: Self-Control and Well-Being in the United States and Britain since 1950* (Oxford: Oxford University Press, 2007), p.7.

所說的是真話，或者不相信政府的管理當局對不誠實交易者會吹哨制止，那麼資本主義本身就會停止運轉。

市場不會自動製造信賴、合作或集體行動以實現共同的善。正好相反：一個破壞規則的參與者（至少在短期內）常常會擊敗較重視倫理行為的競爭者，這是經濟競爭的本質。然而如果這種蔑視倫理的行為持續下去，不用多久資本主義就會垮掉。所以，這種潛在會自我毀滅的經濟體系為什麼持續下來了呢？或許因為當這種制度出現的時候，參與者從一開始就展現了自制、誠實與適度的習慣。

然而，這類價值完全不是資本主義的本質裡所有的，而是得自於長久以來的宗教的或社群生活的慣例。一方面有傳統的自制美德的支撐，一方面有世俗與教會菁英接連不斷的權威之維持，資本主義「看不見的手」得利於一種過於溢美的幻象，那就是，這隻手永遠會準確地修正資本主義奉行者的道德缺失。

這些起初的理想條件今天已經不復存在。建立在契約上的市場經濟無法從內部製造出這些條件。這也是為什麼社會主義批評家以及宗教界的評論者（特別是二十世紀早期實施改革的教宗良十三世）都要求人們注意，經濟市場如果沒有管制，富裕與貧窮如果趨於極端，都會給社會帶來腐蝕性的威脅。

不過是在不久之前的一九七〇年代，如果有人說，生活的目的就是致富，政府的存在是為了讓人們實現這個目標，這個人一定會被嘲笑——不只會被那些傳統上一直批判資本主義的論述者，而且也會被許多最堅決擁護資本主義的人嘲笑。戰後的數十年間，人們普遍對「為了有錢而有錢」這種想法不感興趣。根據一九四九年對英國學童的一項調查，愈聰明的孩子，就愈願意選擇一個薪資普通但是有趣的生涯，而不願意選擇一個僅僅是高薪的工作。[14]然而今天的學童與大學生所想的，不外乎只是找到一個高收入的工作。

一整個世代著迷於物質財富的追求，而且對其他這麼多事情無所謂——生養出這個世代的我們，該如何開始挽救這一切？也許我們可以先提醒自己

14 T. H. Marshall, *Citizenship and Social Class* (London: Pluto Press, 1992), p.48.

以及我們的孩子，人們並非從來就是如此。「以經濟的角度」思考（如我們到目前為止已經實踐了三十年的那樣）並不是人類固有的思考模式，從前我們曾經用過不同的方式來安排生活。

「我們現在都知道了：從這場戰爭開始，
寬鬆放任的社會秩序已經一去不返；
戰爭本身製造了一個無聲的革命，
為我們準備了一條通往新型態的計劃秩序的道路。」
——卡爾・曼海姆 KARL MANNHEIM，一九四三年

CHAPTER 2
The World We Have Lost

我們失去的世界

過去不如我們想的那麼好或那麼差：過去只不過是與現在不同。如果我們一直對自己講述懷舊的故事，或者天真地認為我們的世界在任何方面上都比過去更好，就將永遠無法處理橫在眼前的問題。過去的世界真的是另一個國度：我們無法回到過去。然而比起把過去理想化，或者對我們自己與在孩子面前把過去描述成恐怖之屋，有一件事更為糟糕，那就是遺忘過去。

在兩次世界大戰之間，美國人、歐洲人以及世界其他地方很大一部分人，都遭遇了一連串前所未見的、人為的災難。第一次世界大戰已經是記憶中最悲慘、最具強大毀滅性的災難了，但是隨之而來的還有瘟疫、革命、國家失能與破產、貨幣崩潰以及失業，其規模之大，當時仍然被吹捧的傳統經濟學家們從來沒能想像過。

這些發展回過頭來加速了世界上大多數民主政體的倒台，轉變成各式各樣的專制獨裁政體或者極權政黨國家，讓全球傾倒，跌入一場毀滅性甚至比一戰更高的第二次世界大戰。在歐洲、中東、東亞與東南亞，一九三五與一九四五年之間上演了諸多占領、毀滅、種族清洗、酷刑迫害、以屠殺與滅族為目標的戰爭——這些巨大的殘酷之事，即便三十年前的人也無法想像。

晚至一九四二年，人們似乎有理由為自由感到擔憂。在北大西洋與澳洲等英語國家之外的地方，民主政體非常稀少。在歐陸上僅剩下的民主政體，是瑞典與瑞士等中立小國，兩者都依賴德國的容忍而存在。這時美國也已經加入了戰爭。一切我們今天視為理所當然的，在當時不只岌岌可危，甚至連其捍衛者也多所質疑。

當時看起來，世界的未來就要落在獨裁者手裡了。即便在聯軍於一九四五年取得勝利之後，這些憂慮也並未被遺忘：經濟大蕭條與法西斯主義一直留在人們的腦海裡久久不忘。在當時，迫切的問題不是如何慶祝美妙的勝利然後返回跟從前一樣的日常運作，而是大家究竟該怎麼確保一九四一至一九四五年的經驗永遠不再重演。比任何其他人都更投注於這個挑戰的，就是梅納德．凱因斯。

凱因斯共識

「在那些年裡，我們每個人都從那時代一路向上的共同趨勢獲得力量，
也從集體的信心之中增強了個別的信心。
或許因為人類是不知感恩的動物，我們當時並不明白，
時代的巨波是如何強力且確定地推動著我們。
但是誰要是曾經經驗過那個全世界充滿信心的時代，
就知道，在那之後，全是倒退與昏暗。」

——史帝芬・茨威格 Stefan Zweig

凱因斯，這位偉大的英國經濟學家（生於一八八三年）在一個穩定、繁榮與強大的英國裡度過成長的年代。他站在特別有利的位置上，觀察了這個充滿自信的世界敗亡的過程——首先是戰爭期間在財政部一個很有影響力的職位上，然後於一九一九年作為凡爾賽和平談判的參與者。這個昨日的世界被

拆散了，不只帶走了諸多國家、生命與物質財富，而且還帶走了他出身的文化與階層帶給人的安定性。這怎麼會發生呢？為什麼沒有任何人預先看到？為什麼當權者中沒有一個人做出有效的行動，來確保此事絕不會再度發生？

可以理解的是，凱因斯把他的經濟論述聚焦在**不確定性**（uncertainty）這個問題上：與古典和新古典經濟學信心十足的政策妙方正好相反，他從那時起就堅持人類事務具有本質上的不可預測性。當然，從經濟大蕭條、法西斯主義的鎮壓以及滅絕戰爭當中，可以學到許多教訓。但是凱因斯看到，比任何其他東西更加真正腐蝕了自由主義的自信與建制的，就是這個新發現的、男男女女都被迫在其中生活的不安全感（insecurity），一種被提升的、突然爆發為集體恐懼的不確定性。

那麼我們該做些什麼呢？用中央集權與由上而下的計劃來彌補市場的缺失，凱因斯十分熟悉這種策略的吸引力。法西斯與共產主義對於動用國家權力都具有同樣毫不掩飾的熱情。在大眾的眼裡，這完全不是缺點，甚至還是他們最大的優點：在希特勒敗亡之後很久，如果被問到對希特勒的觀感，外國人有時會回答，他至少讓德國人都重新找到工作。不管有多少壞處，人們常說，史達林至少讓蘇聯免於經濟大蕭條。就連關於墨索里尼的笑話（他讓義大利的火車終於準時了）也有一點這個味道：這有什麼不好嗎？

任何讓民主政治重新建立起來——或者讓還不曾有民主與政治自由的國家享有它們——的嘗試，都得與專制國家的紀錄好好打交道。另一個選擇就要冒風險：民眾可能喪失對他們過去成就的懷念。凱因斯非常清楚，如果不靠戰爭、占領與剝削的話，法西斯的經濟政策長期而言絕不可能成功。儘管如此，他敏銳地注意到，抵抗經濟循環的經濟政策有其必要（才能避免未來的經濟蕭條），也同時注意到「社會安全國家」（the social security state）明智審慎的特質。

這樣一種國家，其重點不在於把社會關係革命掉，更不是要開啟社會主義新紀元。跟那個時代制定了開創性法律的人物一樣（從英國的克萊門特·艾德禮〔Clement Attlee〕、法國的夏爾·戴高樂〔Charles de Gaulle〕到富蘭克林·德拉諾·羅斯福〔Franklin Delano Roosevelt〕總統本人），凱因斯本能上是個保守派人物。那些年代西方每一位領導人（清一色都是年紀較長的紳士）都是出生在那個凱因斯如此熟悉的安穩世界裡，也全都經歷過令人傷痛的大動亂。就像朱賽佩．德．蘭佩杜薩（Giuseppe id Lampedusa）的小說《豹》（*Leopard*）的主人翁一樣，他們非常了解，要存活下來，你得跟著改變。

凱因斯死於一九四六年，由於戰時的工作而體力耗竭。但是當時他早已證明，資本主義與自由主義如果失去了對方，便無法存續太久。而且兩次大戰之間的年代已經清楚顯示，資本家沒有能力保護自己最佳的利益，所以自由主義的國家必須為他們代勞，不管他們喜不喜歡。

因此這是個耐人尋味的矛盾之事：資本主義之所以獲得拯救（而且事實上在接下來的數十年裡十分興旺），是因為接受了一些在當時（以及往後）被認為屬於社會主義的變更。這一點回過頭來提醒我們，當時的狀況是何等令人絕望。聰明的保守派（比如在一九四五年之後首度出任公職的許多基督民主黨人〔Christian Democrats〕）面對經濟的「制高點」落入國家掌控時，一點反對也沒有；連同對陡峭爬升的累進稅率，他們也非常熱切地表示歡迎。

在戰後初年的那些政策辯論，具有一種道德化的特質。失業（英國、美國和比利時最大的問題）、通貨膨脹（中歐最擔心的事情，幾十年來吞噬了無數私人的存款）以及農產品價格過低（逼使絕望的農民離開土地，湧向極端主義的政黨），這些不僅僅是經濟問題，而且被所有人（從教會人士到世俗知識分子）認為是對當前社會道德完整性的考驗。

人們對此有廣泛的共識，而這是不尋常的。從新政支持者到西德的「社會市場」理論家，從英國執政的工黨到形塑法國公共政策的「指標性」經濟計劃（同樣影響捷克，直到一九四八年共產黨政變為止）：所有人都相信政府。部分原因在於，對於可能返回不久之前的恐怖狀態，每個人都感到畏懼，也對於以公共利益之名限縮市場自由感到滿意。正如同這個世界現在要受到一群國際組織（從聯合國到世界銀行）與協定的規範，所以一個運作良好的民主國家也會就相應的國內協議建立共識。

早在一九四〇年，伊凡．杜爾賓（Evan Durbin，英國工黨一名政策文宣寫手）就寫道，當前的趨勢是走向集體談判、經濟計劃、累進稅制以及由國家經費提供社會服務；他不能想像這個趨勢能有「最些微的改變」。十六年之後，英國工黨政治人物安東尼．格洛斯蘭（Anthony Crosland）甚至能帶著更大的信心寫道，我們已經從「對個人主義與自立自助不可妥協的信仰」，永遠地轉變為「相信集體行動與集體參與」。他甚至能夠主張，「至於『看不見的手』這個信條，以及『私人的利得必定總是導致公共的福祉』這樣的信仰，都在經濟大蕭條期間完全破產了；經濟狀態要由政府作為集體來負責，這樣的論點現在就連保守黨人與企業家也都認同了。」[1]

杜爾賓與格洛斯蘭都是社會民主黨人，因此這些話符合黨的利益。但是他們說的並沒有錯。在五〇年代中期，關於公共政策，英國政壇隱然已經達成如此高的共識，以至於人們把政壇的主流論述貼上「巴茲克爾主義」（Butskellism）的綽號。「巴茲克爾主義」是把巴特勒（R. A. Butler，溫和保守派大臣）跟修斯．蓋茲克爾（Hugh Gaitskell，在野黨工黨中庸路線領袖）在那些

1 Anthony Crosland, *The Future of Socialism* (London: Jonathan Cape, 1956), pp. 105, 65.

年裡的理念融合在一起的結果，而且「巴茲克爾主義」是世界性的。無論彼此間有何差異，法國戴高樂主義者、基督民主黨人以及社會黨人都共同信奉大政府、經濟計劃以及大規模公共投資。在斯堪地那維亞、荷比盧、澳洲甚至被意識形態之爭撕裂的義大利，主導公共決策的共識大致也是如此。

在德國，儘管社會民主黨人直到一九五九年都堅持使用馬克思主義的修辭（雖然未必堅持馬克思主義的政策），但是他們與總理康拉德．艾德諾（Konrad Adenauer）立場的距離相對上並不大。事實上，正是由於兩黨對於一切都有共識——從教育到外交到由國家提供娛樂設施，以及對於這個國家困難歷史的詮釋路線——才讓新一代的德國激進青年感到窒息，逼他們採取了「議會外」的活動。[2]

在美國，即便共和黨人在五〇年代執政，逐漸老去的新政派首度發現自己在新一代人中失去影響力；但是這個轉型為保守派執政的過程，雖然對外交政策以及甚至言論自由造成顯著的後果，對於國內政策卻沒有帶來多少改變。稅制沒有成為爭論的議題，而且授權由聯邦統籌，進行龐大的跨州高速公路網計劃的人，還是一位共和黨總統——德懷特．艾森豪（Dwight Eisenhower）。雖然口頭上遵奉競爭與自由市場，那些年裡的美國經濟仍然很大程度依賴貿易保護來防止外國競爭，也採行標準化、貿易規範、挹注、價格補貼與政府保證等非自由化的措施。

由於當前的福祉與未來的展望被確保，於是資本主義自然造成的不平等得以緩和。在六〇年代中期，林頓．詹森在社會與文化方面推行了一系列具開創性的變革；他之所以能推動這些[2]，部分是因為大眾對於新政式的投資、總體性計劃以及政府主導仍然殘留一定的共識。重要的是，讓這個國家意見分裂的，是公民權與種族關係的立法，而不是社會政策。

一九四五到一九七五年這段期間被廣泛視為某種奇蹟，催生了所謂的「美國的生活方式」。兩個世代的美國人（也就是經歷了第二次世界大戰的男男女女，以及經歷繁榮六〇年代的他們子女）經驗到的就業安全與向上爬升

2〔編注〕相關背景可參考作者《戰後歐洲六十年》上冊，第十二章，新北：左岸文化，二〇二四。

的社會流動性，是有史以來從未見過的（也永遠不會再重演）。在德國，只用了一個世代的時間，經濟奇蹟（Wirtschaftswunder）就把國家從屈辱的、瓦礫四散的戰敗中，一舉推升為歐洲最富裕的國家。對法國而言，這些年代被稱為「光輝的三十年」（Les Trente Glorieuses）（而且沒有嘲諷之意）。在英國，在「富裕年代」（the age of affluence）的最高峰時，保守黨首相哈洛德・麥克米蘭（Harold Macmillan）向國民保證，「你們的日子從來沒有這麼好過。」他這麼說完全正確。

在某些國家，戰後的福利國家是由社會民主黨打造的（斯堪地那維亞各國是最為人所知的例子）；其他地方，比如英國，所謂「社會安全國家」在實踐層次上差不多只是一系列的務實政策，目標在減輕民眾的困厄以及縮減極端的財富與貧窮。這些國家共同的成就，就是在打擊貧富不均上取得令人矚目的成功。如果我們比較貧富落差，就會發現，不論以總資產還是年收入計算，在一九四五年之後的一個世代裡，每一個歐陸國家、英國與美國，這個落差都呈現巨幅縮小。

財富平均程度較高也會帶來其他好處。時間一久，對於回到極端政治的恐懼也漸漸消失。「西方社會」進入一段富裕安全的黃金年代；這也許是個泡沫，但卻是個令人慰藉的泡沫，在其中，大多數人的日子都過得比從前所能希望的好得太多，也都有很好的理由對未來充滿信心。

再者，在二戰結束後的年代裡，真正把專業中產與商業中產牢牢綁在自由主義的建制（liberal institutions）之內的，是社會民主主義與福利國家。這件事情有某種程度的重要性，因為法西斯主義就是從中產階級的恐懼與不滿裡誕生出來的。讓中產階級重新綁在民主政治之內，是戰後政治人物所要處理的種種任務中遠遠最為重要的，而且絕非容易解決之事。

在大多數國家裡，解決這個問題的魔法是「全民主義」（universalism）。福利的提供不是依照收入而定，否則高收入的專業人士與生意興隆的商店主人可能會痛批，他們納稅讓政府提供社會福利，**自己**卻不能從那些福利中得到多少好處；而是政府向受教育的「中間階層」提供與勞動人口以及窮人完全相同的公共服務：免費教育、低廉或免費醫療照顧、國民年金以及失業保險。結果是，因為生活必需當中有如此多項目被稅收涵蓋，使得一九六〇年代歐洲的中產階級發現，自己手中的可支配收入遠比從一九一四年以來的任何時候都要高得多。

有趣的是，這些年代呈現出一個特色：社會制度的創新與文化保守主義空前成功地彼此結合。要說明這一點，凱因斯本人就是個很好的例子。他的品味與養成教育不折不扣屬於菁英階層（雖然他對新潮藝術的接受程度是不尋常的），儘管如此，他十分理解把第一流的藝術、表演以及文學盡可能介紹給廣大群眾的重要性，如果英國真要克服這個令國家動彈不得的階級藩籬的話。皇家芭蕾舞團（Royal Ballet）、文藝協會（Arts Council）以及其他許多機構的設置，最終都來自凱因斯的倡議。這些公立機構向大眾提供了不打折扣的「高等」藝術；就像萊特勛爵（Lord Reith）的BBC（英國國家廣播公司）一樣，這些機構為自己設定的職責，是提升大眾的水平，而非降低水準來迎合他們。

對萊特勛爵、凱因斯或者法國的文化部長安德烈・馬樂侯（André Malraux）來說，這種新的文化傳播並沒有屈尊降貴的意思；協助詹森總統設置美國公共廣播公司以及國家文藝基金會的年輕人們也一點沒有這個姿態。這是所謂的「英才政治」（meritocracy）：把菁英的機構向廣大的申請者開放，並且由政府負擔經費或至少保證提供援助。從前是通過繼承或財富來選才，現在開始漸漸改成：通過教育來實現向上的社會流動性。短短幾年之後，這種「英才政治」創造出一個新的世代；在這個世代眼裡，通過教育而向上爬升是不證自明的事，因此他們將英才政治視為理所當然。

這些發展都沒有必然如此發生的道理。戰爭之後通常出現的都是經濟衰退，而且戰爭規模愈大，經濟下探也就愈深。那些不擔心法西斯黨捲土重來的人，也會焦慮地把目光轉向東方，看著紅軍數以百計的步兵師，以及義大利、法國與比利時國內人數眾多又勢力強大的共產黨與各種工會。當美國國務卿喬治．馬歇爾（George Marshall）於一九四七年春天拜訪歐洲時，他為所見到的景況深感震驚。「馬歇爾計劃」就是誕生自美國人的擔憂——他們害怕二戰結束後的發展最後可能比一戰戰後還要糟糕。

至於美國，在戰後最早幾年裡，一股對外國人、激進分子以及共產黨人的疑忌又再度高漲，並且讓美國為之嚴重分裂。麥卡錫主義（McCarthyism）或許對共和政體不構成威脅，但是這提醒我們，一個才能平庸的煽動家多麼輕易就能利用人們的恐懼並把威脅加以誇大。萬一戰後經濟回到二十年前的最低點，麥卡錫會有什麼事情做不出來呢？總之，即便有即將出現的凱因斯共識，這樣的發展整體來說仍令人感到意外，究竟為什麼會這麼順利呢？

受規範的市場

「一整個社會僅僅由金錢利益所產生的關係與情感來維繫，這樣的念頭從根本上令人作嘔。」
——約翰・史都華特・彌爾 John Stuart Mill

簡短的回答是：在一九四五年時，很少人還相信市場的魔法。那是一場觀念的革命。在古典經濟學裡，國家在經濟政策的制定中，只被允許扮演一個很小的角色，而且十九世紀的歐洲與北美，自由主義氛圍盛行，傾向最小干預的社會立法，內容大多只限於對情節較惡劣的不公平進行規範，以及對競爭性工業主義（industrialism）與財務投機帶來的危險予以管制。

但是兩次世界大戰已經讓幾乎所有人都習慣接受，政府不可避免地要干預我們的日常生活。在第一次世界大戰中，大多數參戰國都強化了對生產的控制（在戰前這種控制小到可以忽略）。不只控制了軍事物資，而且也包括了織品、運輸、通訊以及一切與進行一場昂貴又絕望的戰爭相關的事物。一九一八年之後，在絕大多數地方這種管制都被解除了，但是政府介入經濟生活已深，有許多管制殘留了下來。

政府的管制在某個短暫時期內有所退卻（明顯的標誌是喀爾文·柯立芝在美國當上總統，以及歐洲一些行事怠忽的政治人物登上權位），然而接下來一九二九年經濟暴跌以及尾隨而至的大蕭條造成了徹底毀滅，迫使所有政府都必須在無所作為的緘默與公開明白的干預之間做出選擇。所有政府或早或晚，全都選擇了後者。

不管那個寬鬆放任的政府還剩下些什麼，都在總體戰爭的經驗之中被消除殆盡。在第二次世界大戰裡，無論戰勝國或戰敗國，都無一例外地將國家、經濟與每一位國民都投入戰爭的努力之中；而且不只如此，為了戰爭目標，他們動員國家機器所使用的方式是僅僅三十年前的人都想像不到的。無論哪一種政治色彩，每個參戰國都動員了、管制了、指揮了、計劃了以及管理了生活的每一個面向。

即便在美國，你的職位、你所領的薪資、你能買的東西以及你或許會去的地方等等都受到限制，而且所採用的手段能讓短短幾年之前的美國人感到恐怖。新政所設立的機構與制度曾經看起來驚人地創新，現在只能被視為序曲，因為這時的國家已經動員全國來進行集體計劃。

簡言之，戰爭把人心集中起來。歷史已經證明，把整個國家改造成戰爭機器、運行戰爭經濟是可能的。有人就問，那為什麼我們不能做類似的事，以追求和平？沒有人找到可信的答案。西歐與美國就此進入一個新時代，儘管沒有人希望如此。

這項改變最明顯的徵候，是以「計劃」的形態出現的。經濟學家與官員們做出結論：與其讓事情自己發生，更好的辦法是事先把事情想好。不難想見最讚賞也最鼓吹計劃經濟者，是那些處在政治光譜兩極的人。左翼人士認為計劃經濟正是蘇維埃黨人做得最好的地方；右翼人士（正確地）相信，希特勒、墨索里尼及其法西斯追隨者堅定地進行了由上而下的計劃經濟，而且這一點解釋了他們具有吸引力的原因。

知識分子支持計劃經濟的呼聲一直不很高。如我們已經見到的，凱因斯看待計劃經濟跟他看待純粹市場理論是一樣的：兩者都需要完美的資訊才能成功，但這是不可能達成的。然而他接受，至少在戰爭期間，短期計劃與控管是有必要的。對戰後的和平時期來說，他更希望政府把直接干預降到最低，並且透過財政與其他誘因來操作經濟。不過這樣的操作若要有效，政府需要知道自己想達成什麼，而這一點，在其支持者眼裡，正是「計劃經濟」所關心的。

奇怪的是，對計劃經濟的興趣在美國特別顯著。田納西河谷管理局（Tennessee Valley Authority）就是一個不折不扣的經濟規劃練習；所規劃的不只是一種重要資源，而是整個區域的經濟。觀察家們，比如像路易斯・孟福特（Louis Mumford），宣稱他們自己「有資格集體來一點炫燿與歡呼」。因為田納西河谷管理局與其他類似計劃顯示出，如果要比較大規模、長時期與前瞻性的規劃時，民主國家一點也不會輸給獨裁政體。幾年之前，雷克斯福特・圖格威爾（Rexford Tugwell）竟然就已經大肆歌誦了這種理念：「我已見到這偉大的計劃／這份辛勞帶來的強烈歡愉將屬於我……／我要捲起雙手的袖子——讓／美國煥然一新。」[3]

許多人仍然弄不清楚計劃經濟與國有經濟的差別。自由主義者如凱因斯、威廉・貝福利傑或瓊・莫內特（Jean Monnet，開創法國計劃經濟的靈魂人物）對於不為其他目的服務的國有化毫無興趣，雖然在特別的案例上，他們對國有化帶來的實際益處抱持彈性的態度，這一點跟斯堪地那維亞諸國的社會民主黨人一樣。斯堪地那維亞的社會民主黨遠遠更有興趣的是累進稅制，以及向國民提供從生到死的種種社會服務，而不是由國家控制主要的工業部門，比如汽車工業。

相反地，英國的工黨最鍾愛則是「國有」的理念：如果國家代表勞工大眾，那麼國有工廠的運作也一定會握在勞工的手裡，並且隨勞工的指使——但真的是這樣嗎？無論這一點在實踐上是真是假（英國鋼鐵公司的歷史顯示，國家作為經營者，能夠與最糟糕的私人企業家同樣無能跟無效率），國有的構想使得英國人再也不關心任何形式的計劃經濟；這在往後的數十年裡帶來了有害的影響。在另一個極端上，共產主義的計劃經濟——不外乎就是設立虛假的目標，然後用虛假的產出數據來達成——時間到了就將失去人們的信任。

在歐陸，中央集權的政府們傳統上原本就比較積極地提供社會服務，此時更以巨幅擴大的規模進行這件事。人們廣泛認為，要界定集體目標為何，

3 Robert Leighninger, *Long-Range Public Investment: The Forgotten Legacy of the New Deal* (Columbia, SC: University of South Carolina Press, 2007), pp. 117, 169.

並不適合倚賴市場，政府必須介入，並且把缺口補上。即便在美國，雖然政府（也就是三權分立當中的「行政部門」）總是謹慎地避免跨過傳統的界線，但是從美國軍人權利法案（G.I. Bill）到戰後新一代的科學教育，都是由華盛頓倡議並且支付的。

在這裡，人們也直接認為，有些公共財與公共目標就是不適合交給市場。正如英國福利國家此一主題的重要評論家T．H．馬歇爾（T.H. Marshall）所說，「社會福利」全部的重點，就是「以超越市場的方式從中取出資財與服務，或者以某種方式控制或修正市場的運作，以便製造出一個市場本身無法產生的結果」。[4]

即便在西德，雖然人們（不難理解地）不願意實施納粹風格的集中化控制手段，但是「社會主義式的市場理論家」也不是全無妥協。他們堅持，社會目標及福利立法，跟自由市場並無相悖之處；事實上，如果被鼓勵以這些目標為前提來運作，自由市場能做出最好的表現。因此西德制定了一些法律（當中許多今天仍然有效），要求銀行與國有企業要有長遠考量，要聽取僱員的利益，並且即便追求利潤，也必須持續注意其營業行為的社會影響。

至於政府會不會超出職權界限、並通過扭曲市場運作來損害市場，在那些年裡，人們並不非常嚴肅看待這個問題。從國際貨幣基金會與世界銀行的設置（以及後來的世界貿易組織），到國際票據交換所、貨幣管制、薪資限制以及參考價格限制等，在在都顯示，人們更重視的是，市場明顯的缺陷有必要加以彌補。

同樣的理由，高賦稅在那些年代裡並不被認為是公開的冒犯。正相反，級距陡峭的累進所得稅被當成一種共識之下的政策工具，以便把過剩與未被使用的資源從特權群體那裡拿出來，讓最需要或最能使用這些資源的人來支配。這也不是一個全新的概念。在一次世界大戰之前很久，所得稅就開始在大多數歐洲國家中發揮威力，而且稅率在兩次大戰之間繼續升高。儘管如此，近如一九二五年，絕大多數中產家庭仍能夠負擔一、兩位或甚至更多僕

4 Neil Gilbert, *The Transformation of the Welfare State: The Silent Surrender of Public Responsibility* (New York: Oxford University Press, 2004), p. 135.

人——而且常常在自宅之內。

然而到了一九五〇年，只剩下貴族與新富（nouveaux riches）還能指望在家裡維持這樣的派頭。在所得稅、遺產稅、勞工大眾有越來越多的工作機會與更好的薪資等因素的影響下，貧困且順從的家庭傭人差不多消失殆盡了。多虧了全民社福的提供，僱主對於年老、衰病或其他原因失能的傭人餘生之照顧，變成是多餘的了。

當時的一般大眾普遍相信，溫和的財富重分配以及極端貧窮與極端富裕的消除，對所有人都有好處。康道塞侯爵很明智地觀察到，「比起把玉米的價格壓低到窮人能買得起的範圍，還不如讓窮人有錢到能買得起玉米；對國庫而言，後者的成本永遠比較低。」[5]在一九六〇年代時，這一論題實際上已經成為所有西方國家的政策方針。

一、兩個世代以後，這些態度看起來一定非常奇怪。因為在戰後三十年裡，經濟學家、政治人物、評論家與市民們都同意，高水平的公共支出——而且管理這些支出的地區或國家當局能夠大範圍且在許多層次上規範經濟生活——是好的政策。異議者不是被當成活在被遺忘過去的怪人——追求非現實理論的意識形態狂人——就是把一己利益置於公共福祉之上的自私自利者。市場被控制在一個框限裡，國家在人民的生活中占有核心角色，而社會福利工作被賦予高於其他公共支出的優先性——除了一個例子：美國的軍事支出繼續快速成長，有時高於社福支出。

這些是怎麼達成的？即便從前我們願意同意，這類集體主義的目標與施政原則上都值得讚美，但是我們今天會認為這些目標與施政沒有效率，因為私人的資金被導入了公共的用途。而且不管怎麼說，都很可能讓經濟與社會資源落入「官僚」、「政客」以及「大政府」之手，而這是危險的。為什麼我們的父母輩與祖父母輩如此不受這種考量的困擾？為什麼他們這麼輕易將主導權讓給公部門，然後就交出私人的財富，以追求集體的目標？

5 Marquis de Condorcet, Reflexions sur le commerce des bles (1776) in *Oeuvres de Condorcet* (Paris: Firmin didot, 1847—1849), p. 231. 引在Emma Rothschild, *Economic Sentiments: Adam Smith, Condorcet and the Enlightment* (Cambridge: Harvard University Press), p. 78.

社群、信賴與共同目的

「多同情他人，少同情我們自己，抑制我們自私的心，並發揮我們善意的情感：這就構成人類本性之完美。」

——亞當．斯密

一切集體之事都需要信賴。從兒童們玩的遊戲，到複雜的社會建制，人類都必須停止互相猜疑，要不然就無法共同合作。一個人抓住繩子，另一個跳。一個人穩住梯子，另一個爬。為什麼？一部分因為我們希望幫別人時，別人也會幫我們，但是一部分也因為我們顯然有一種自然的傾向，喜歡在互助中合作以達成集體的利益。

納稅就是一個清楚的例子，可以說明這個道理。當我們繳稅時，我們也對其他國民做了相當程度的假定。首先，我們假定他們也會繳他們的稅，不然我們就會覺得承受了不公平的負擔，而且時日一久，我們也將停止貢獻我們的稅款。第二，我們信賴那些被我們暫時送上權位的人，來收集並且負責任地花掉這些錢。畢竟，當我們發現他們侵吞或浪費掉這些錢時，我們將損失很大一筆錢。

第三，大多數稅收不是用於清償過去的債務，就是用於對未來的投資。準此，在過去的納稅人與現在的受益人之間，也存在隱含的信賴與相互關係；當然，對那些將為我們今天的花費買單的未來納稅人，也存在這種關係。我們因此注定不只要信賴那些今天我們不認識的人，還要信賴我們過去從來沒機會認識的，以及那些未來永遠也不會認識的人；我們跟這些人之間，有一種複雜與相互的利益關係。

公共支出也適用這個論點。如果我們徵稅或者發行債券，以籌措費用在家鄉興建學校，那麼別人（以及他們的小孩）將有機會成為主要受益者。許多公共投資都是這樣：輕軌系統、長期的教育與研究計劃、醫療科學、社會安全以及其他許多集體支出，其利益需要許多年後才會顯現出來。那麼我們為什麼要這麼麻煩地籌款做這些事？因為別人在過去為我們籌資做了許多事，而我們（通常不經過太多思索）也視自己為這個跨越了世代的市民社會一分子。

但是這個「我們」是誰？準確來說我們信賴的是誰？英國保守派哲學家麥可．歐克秀（Michael Oakeshott）認為政治之所以成立，有賴於信賴社群（community of trust）的存在。信賴社群指的是「有一群人，對於處理其事務的方式有共同認知，並在此共同認知的面向上構成一個群體。處理這個群體的一般事務的行動，就是政治」。[6]但是這個定義是循環論證：那些認知了「處理其事務」的共同方式的人，到底是哪一群人？全世界嗎？顯然不是。內布拉斯加州的奧馬哈族（Omaha）的印地安人樂意繳稅，以便為吉隆坡興建橋樑與高速公路，因為他隱隱地理解，馬來西亞的納稅人也將自願為他做一樣的事情——我們能期待這種事嗎？根本不能。

那麼，該如何為這個信賴社群界定一個可操作的範圍？無根的世界主義對知識分子來說也許沒問題，但是大多數人都住在一個有界限的地方：被空間、時間、語言界定，或者也被宗教界定，也許（不管多麼令人遺憾）被膚色或其他種種因素界定。這個「地方」是可變換的。大多數歐洲人直到非常晚近之前，不會說自己住在「歐洲」，他們會說他們住在洛茲（Lodz，位於波蘭），或利古里亞（Liguria，位於義大利）或甚至「普特尼」（Putney，倫敦的一個郊區）。

在自我認同的意義下感覺自己是「歐洲人」，是新近才取得的習慣。結果是，從前跨國合作或跨國互助可能會引起地方的猜疑，今天卻不太引起人們的注意。今天荷蘭的船塢勞工為葡萄牙的漁夫與波蘭的農夫提供補助，並不怎麼會抱怨；當然，部分原因是船塢勞工並不詳細地問他們的政治頭兒，他們繳的稅被用到哪裡去了。但這一點也表徵了他們的信賴。

有很多證據顯示，人們如果有更多共同之處，對彼此就會有更多的信賴：所謂共同之處不僅指信仰或語言，也包括收入。一個社會越平均，就會有更高的信賴感。而且這不僅是收入的問題而已：人們如果過著類似的生

6 Michael Oakeshott, *Rationalism in Politics and Other Essays* (New York: Basic Books, 1962), p. 56.

活、懷抱類似的展望，那麼他們很有可能也會有共同的——我們估且這麼說——「道德觀」（moral outlook）。這樣的話，要在公共政策上進行徹底的新嘗試也將容易得多。在複雜或分裂的社會裡，少數人（或者甚至多數）常常被迫接受他們不願意的政策。這使得集體的政策制定總是充滿爭端，也鼓勵以最小改變的方式來進行社會改革：寧願什麼也不做，也最好不要讓民眾為了支持與反對一個爭議性的計劃而分裂。

信賴感的缺乏，明顯會毒害一個運作良好的社會。偉大的珍·雅各（Jane Jacobs）在談到都市生活非常實際的事情、以及維持都市街道的乾淨與文明時，就提到這一點。如果我們彼此互不信賴，我們的城鎮將會看起來很可怕，也將會是個糟糕的居住之地。再者，她觀察到，你不能把信賴感制度化。一旦崩壞，信賴感幾乎是不可能重建。而且信賴感需要社群（也就是集體）的關愛與照料，因為即便有最佳的意圖，也沒有一個人能叫所有其他人信賴他，並因此受到他人的信賴。

普遍有信賴感的社會，常常是相當緊密且同質性高的。歐洲最先進也最成功的福利國家是芬蘭、瑞典、挪威、丹麥、荷蘭跟奧地利；德國（前身是西德）則是門檻外一個有趣的例子。這些國家大多人口很少：在斯堪地那維亞各國中，只有瑞典超過六百萬居民，而且他們當中所有人口加總起來，還比東京少。就算是奧地利的八百二十萬人，或荷蘭的一千六百七十萬人，以世界標準看來，都算是迷你國家——孟買一地人口就超過荷蘭，而奧地利總人口乘以二還放得進墨西哥市。

但是這不僅只是人口規模的問題。跟紐西蘭（人口甚至少於挪威，只有四百二十萬，成功維持了高度的市民信賴感）一樣，北歐成功的社會福利國家也有很高的同質性。直到不久之前，說大多數挪威人如果本人不是農夫或漁夫、就是農夫或漁夫的孩子，並不算過於誇張。百分之九十四的人口屬於挪威血統，百分之八十六屬於挪威教會。在奧地利，百分之九十二的人口稱自己的族系為「奧地利人」（這個數字曾經更接近百分之百，直到一九九〇年代南斯拉夫難民湧入奧地利為止），而有表明信仰者當中，百分之八十三為天主教。

芬蘭的情況也是這樣：百分之九十六表明信仰的人都屬於官方的路德宗（而且幾乎全是芬蘭人，只有很少數的瑞典人）；丹麥有百分之九十五的人口信奉路德宗；即便在荷蘭，這個整齊地分裂為北部主要是新教、南部主要是天主教的國家，除了為數甚少的後殖民少數族群（印尼人、土耳其人、蘇利南人以及摩洛哥人）之外，所有人也都自認為「荷蘭人」（Dutch）。

美國正好相反：很快地美國就將沒有單一多數族群，而且在表明信仰的人當中，新教以些微的差距占多數，天主教則為顯著的少數（占百分之二十五），更不用說還有不容忽視的猶太教與穆斯林社群。加拿大或許是介於中間的例子：中等規模的人口（三千三百萬人），沒有占主要地位的宗教，僅百分之六十六的居民表明為歐洲後裔，然而看起來已經有穩固生根的信賴感，以及伴隨此信賴感而來的社會制度。

當然，人口規模與同質性是不能移轉的。印度或美國絕不可能變成奧地利或挪威；歐洲奉行社會民主主義的福利國家，以其最純粹的形式，也根本是無法輸出的：這些制度跟富豪汽車（Volvo）有十分近似的訴求（以及某些類似的限制），因此或許很難銷往一些不看重團結與忍耐這種昂貴美德的國家與文化圈。再者，我們知道，如果城市的組成相對單純且規模適中，可以做得更好：要在維也納或阿姆斯特丹建構市政社會主義並不困難，但是同樣的事在那不勒斯或開羅就困難得多，在加爾各答或聖保羅就更不用說。

最後，有明確證據顯示，較具同質性、規模適中的社會，更容易建立信賴與合作；而文化或經濟上的分歧，則會削弱社會信賴的基礎。外來移民（特別是來自「第三世界」的移民）數量若不斷增加，社會的聚合力就會顯著地減弱：這個情況發生在荷蘭與丹麥，在英國更是如此。直率地說，荷蘭人與英國人不太介意跟他們的前殖民地子民（印尼、蘇利南、巴基斯坦或烏干達等）分享自己的福利國家，然而丹麥人，還有奧地利人，卻痛恨為近幾年來成群湧入的穆斯林難民「買單」。

二十世紀中期的這些社會福利國家，說到底或許有些自私的色彩：數十年來他們享有族群單一以及人口少但教育程度高的好運，幾乎每個人都能在其他人身上找到認同。絕大多數這些國家——經濟自足且極少外在威脅的民族國家——在一九四五年之後的數十年裡，都十分幸運地能聚集在北大西洋公約組織（NATO）的保護傘之下，把預算投注在國內的改善，不受來自歐洲其餘地方大規模移民的困擾（更不會有來自更遠地區的移民）。當這個局面改變時，他們的自信心與信賴感顯然就下降了。

然而沒有改變的事實是：信賴與合作是打造現代國家必不可少的組成元素，而且信賴感越高，國家就越成功。威廉·貝福利傑能夠認為，他當日的英國具有高度的道德一致性與市民參與。作為眾多出生在十九世紀晚期的自由主義者之一，他打從心裡認為社會凝聚力不僅僅是可欲的目標，而且是從一開始就被給定的東西。團結（包括市民們的團結以及與國家本身的團結）是在福利制度出現之前就存在的，並且決定了福利制度的公共形式。

即便在美國，信賴的概念以及對伙伴情感的嚮往，從一九三〇年代起，也在公共政策的辯論中變得很重要。我們可以主張：美國從和平時期的半停滯經濟，轉變成世界上最大的戰爭機器，這個偉大的成就，如果不是羅斯福總統堅持訴求所有美國人共有的利益、目的與需要的話，是不可能達成的。

如果第二次世界大戰算得上一場「好戰爭」，並不只是因為我們敵人窮凶極惡、罪行昭彰，更因為美國人對於美國、對自己同胞，生起了美好的情感與自豪。

大社會

「我們的國家／民族代表著民主以及正規的下水道。」
——約翰．貝哲曼JOHN BETJEMAN

在一九四五年之後的數十年間，信賴、合作、累進稅制以及干預型的國家究竟給西方各國社會留下了什麼呢？簡短的回答是：程度各自不同的安全、繁榮、社會福利以及更大的均富。然而近幾年來，我們已經漸漸習慣有人主張，我們為這些利益所付的代價——經濟無效率、創新不足、企業精神的僵化、高額的公共債務以及私人進取心的喪失——太過昂貴了。

這些批評的絕大部分，都可以被證明是錯誤的。以一九三二年與一九七一年之間美國通過的社會立法品質與數量來衡量，美國毫無疑問是那些「美好社會」當中的一個；但是很少人會想要宣稱，這個處在高度繁榮的「美國世紀」中的美國，竟會欠缺進取心或企業精神。不過，即便二十世紀中葉歐洲的社會民主國家與社會福利國家在經濟上無法永續維持，也不應該阻卻我們對它們的關注。

社會民主主義一向是混種的政治。首先，社民主義雜揉了社會主義者的後資本主義烏托邦的夢想，但也認清一項現實，即我們必須在資本主義的世界裡生活與工作；他們知道資本主義顯然不會即將崩潰，像馬克思在一八四八年熱切預測的那樣。第二，社會民主主義認真採納了「民主」的部分。有別於二十世紀早期的社會主義革命者及其共產主義的後繼者們，在自由國家的社會民主主義者接受民主的遊戲規則，也從很早就懂得對其批判者與反對者做出妥協，因為這是競爭政治權力所必須付出的代價。

再者，社會民主主義者並非全然只對經濟問題有興趣，或者甚至不把經濟當成主要問題，跟總是把經濟問題當作馬克思主義教條的手段來加以強調的共產主義有所不同。社會主義對於社會民主主義者來說（特別是在斯堪地那維亞半島）是「**分配**」的概念，重點在於確保財富與資產不至於不成比例地集中到少數特權者的手裡；這點本質上是個道德問題。社會民主主義者，像十八世紀「商業社會」的批判者一樣，為沒有規範的競爭所造成的後果深感憤怒。他們所尋求的，與其說是徹底改變的未來，不如說是返回「更好生活方式」的價值觀。

因此，英國早期的社會民主主義者如碧翠絲・韋伯（Beatrice Webb）就理所當然地認為，她所追求的「社會主義」仔細分析起來，不外乎國民教育、公共的醫療服務與健康保險、公共的公園與遊戲空間、社會集體為年老、傷病與失業者提供的支持與照護、以及其他種種此類——對此我們實在不能表示驚訝。她念茲在茲的是：人們應該彼此合作，應該為了共同的福祉而一起工作，沒有人應該被排除在外；這就是前現代世界的「一體共通」（unity），以及湯普森（E.P. Thompson）所稱的「道德經濟」。

福利國家不必然源自於社會主義，也不必然以社會主義為目標，而是誕生於另外一場公共事務上的巨變。這場巨變在三〇年代與六〇年代之間席捲了西方世界，把專家、學者、知識分子以及技術人員引入了公共管理的事業。結果產生了——拿最好的來說——美國的社會安全制度，和英國的國民健保制度。這兩者都是投入空前龐大的制度創新，跟過去補丁式的改革與整頓截然不同。

這類福利事業的重要性並不在於理念。保證所有美國人得以安享晚年，或讓每位英國國民得到第一流的醫療照顧，且在就診時無需負擔任何費用（no point-of-service cost），這幾乎算不上原創的構想。但是，認為這類事情由政府來做最好，也因此這些事情**應該**由政府來興辦，這種想法是史無前例的。

這類服務與資源究竟應該如何提供給國民，向來是充滿爭議的議題。主張齊頭平等的人（universalists）在英國有很大的影響力；這些人支持對所有人徵收高額稅負，以便支付這類服務，並且所有人都能平等地使用這些資源。差異選擇論者（selectivists）則希望根據每個國民的需要與能力，來細部調整支出與福利。這都是可行的選項，但也都反映了論者內心深處所持的社會與道德理論。

斯堪地那維亞模式採取的是較為差異選擇的、但也較有企圖心的計劃。如深具影響力的瑞典社會學家古納爾・米爾達（Gunnar Mardal）所清楚陳述的，國家有責任「保護人民免於傷害自己」，[7]而斯堪地那維亞模式的目標，就是要把這種責任制度化。不論美國人或英國人，都沒有這樣的企圖心。由政府來決定什麼對人民才是好的——而我們毫無抱怨地接受政府安排，不管是關於學校的課程或醫院的運作——會讓人想到優生學，或許也會想到安樂死。

即便在最完備的時期，斯堪地那維亞的福利國家仍然把經濟交給私部門；不過私部門被課以非常高的稅率，以支付社會、文化以及其他政府服務。這些瑞典人、芬蘭人、丹麥人以及挪威人為自己提供的並非集體所有權，

7 見Sheri Berman, *The Primacy of Politics: Social Democracy and the Making of Europe's Twentieth Century* (New York: Cambridge University Press, 2006), p. 207.

而是讓集體**保護**得到了保證。除了芬蘭，斯堪地那維亞人全都有私人的退休金計劃——在那些年代裡，這樣的事情看在英國人甚或美國人眼裡會十分奇怪。但是除了私人退休金之外，斯堪地那維亞人幾乎一切仰賴國家，也欣然接受這種制度所隱含道德干預的沉重巨手。

歐洲大陸的福利國家（法國人稱為 *Etat providence*，照顧之國、遠見之國）採行的又是另一種模式。在這裡，重點主要落在保護被僱用的國民，以免他們受到市場經濟的蹂躪。我們應該注意，此處所謂「被僱用」，指的是長期穩定的僱用。在法國、義大利與西德，福利國家的主要任務，就是在面臨經濟厄運時，維護國民的工作與收入不至喪失。

看在現代美國人或甚至英國人的眼裡，這一定是件很奇怪的事。為什麼要保障一個男人或女人的工作，如果那份工作所生產的東西已經不為人們所需要？承認資本主義「創造性的毀滅」並且等待更好的工作出現，不是更好嗎？但是從歐陸歐洲人的觀點，在經濟艱困時期把大批民眾丟到街上，其政治效應非常嚴重；相較之下，維護「不再被需要」的工作只在理論上損害經濟效率，問題輕微得多。就像十八世紀的行會一樣，法國或德國的工會學會了如何保護「門檻裡的人」（也就是被穩定僱用的男人與女人），以防杜「門檻外的人」來爭取工作（這是指那些年輕、無熟練技術與其他正在尋找工作的人）。

這種由國家進行的社會保護，其效應是要抑制社會不安，代價則是讓據稱能中立運作的勞動市場被扭曲。歐陸各國社會之安定令人矚目（只在幾年之前經歷過流血動盪與內戰），因此讓歐陸模式取得很好的形象。再者，當英國與美國經濟在二〇〇八年的金融危機中慘遭襲擊，依據官方統計，造成百分之十六以上的美國勞動力在本書寫作的此時（二〇一〇年二月）處在失業或不再尋找工作的狀態中，但是德國與法國則安然度過這場風暴，受害與被排除在經濟活動之外的人遠比英美為少。

法國、德國與歐陸其他福利國家保護了「較好」的工作，代價是沒能創造出更多低收入工作，他們此舉是深思熟慮的選擇。在美國與英國，從一九七〇年開始，低薪與不穩定的工作開始取代經濟繁榮時代較穩定的僱用型態。今天，一名年輕人如果在必勝客、德斯科[8]或沃爾瑪找到最低薪資且沒有福利的工作，可能就會覺得運氣好了。這樣的職缺在法國或德國就沒這麼容易找到。但是誰能斷言或依據什麼理由認定：在沃爾瑪做低薪的工作，比起依照歐盟模式領取失業救濟，是更好的生活？大多數人都會希望有工作，這是確定的，但是條件再差也無所謂嗎？

傳統國家施政的優先項目是國防、公共秩序、流行病預防以及避免大眾不滿。但是從第二次世界大戰戰後起，直到一九八〇年前後的最高點，社福支出成為現代國家編列預算時最主要的責任。在一九八八年時，除了美國這個顯著的例外，所有主要已開發國家都把更多資源投入（廣泛意義下的）國民福利，超過對任何其他項目的挹注。很可以理解的是，在這些年代裡，賦稅也隨之劇烈成長。

任何人如果足夠年長、能夠記得之前那個年代的事，這波社會支出和福利供應的高漲，當時想必看起來就像奇蹟一樣。已故的拉爾夫·達倫多夫（Ralf Dahrendorf）是德裔的英國政治學者，憑藉特殊的閱歷，他對一生所見的變革之規模有深刻的認識。他曾經如此描述那段樂觀的年代：「在許多面向上，我們社會民主主義的共識表徵了歷史上所曾見過的最偉大的進步。如此多的人能享有如此多的人生機會，這是過去從來沒有發生過的。」[9]

他的話並沒有錯。社會民主黨人與福利政府不只支撐了將近三十年的完全就業，而且所維持的經濟成長率，完全可以跟過去不受管制的市場經濟互相較量。而且在這些經濟成功的背後，他們進行了與過去徹底斷裂的社會變革；這些變革在短短數年的期間裡，就讓人感覺像日常生活一樣自然。當詹森總統說，要透過各式各樣政府支持的計劃與機構來進行大規模的公共支出，並在這個基礎上打造一個「大社會」時，很少人持反對意見，而且認為這項主張奇怪的人更是少之又少。

在七〇年代早期，舉凡社會服務、福利供應、國家資助的文化與教育資

8 〔譯注〕Tesco，英國最大的連鎖超市。

9 Ralf Dahrendorf, "The End of the Social Democratic Consensus" in *Life Chances* (Chicago: University of Chicago Press, 1979), pp. 108—9.

源、以及其他這類已經被視為理所當然的東西，如果說要裁減，哪怕只是研擬一下，也是不可想像的。誠然，當時也有人指出，隨著養老金支出的增長以及嬰兒潮世代日漸年老，公共收支可能會失去平衡。在眾多國民生活領域中制定社會正義的立法，其制度性的花費不可避免地十分可觀：高等教育的入學管道、為無法負擔者提供免費的法律服務、向文藝界挹注文化經費，在在都需要花錢。再者，隨著戰後的經濟榮景開始走下坡，國內失業問題再度嚴重起來，福利國家的稅基就顯得越發脆弱。

在「大社會」時代逐漸消逝的日子裡，上述這些原因讓人們感到焦慮，這是很合理的。然而，雖然這些原因可以說明，管理菁英為什麼喪失了一定程度的信心，卻沒有解釋，為什麼人們的態度與期待發生了徹底的轉變，以至於形塑了我們自己這個年代。擔憂一個好的系統無法自我維持，是一回事；對那套系統徹底失去信心，則完全是另一回事。

「要解放人的心靈，必不可少的準備工作，就是研究人們意見的歷史。」
——約翰．梅納德．凱因斯

CHAPTER 3

The Unbearable Lightness of Politics

政治中不能承受之輕

當然，從來沒有任何事情是像我們所回憶的那麼美好。戰後數十年雖然有蓬勃的社會民主共識以及社會福利制度，有些都市規劃與公共住宅政策卻是近現代以來品質最糟的。從共產主義的波蘭，經過社會民主主義的瑞典、工黨的英國，直到戴高樂主義的法國與紐約市布朗克斯南區（South Bronx），過度自信與不顧民眾感受的規劃者在都市與郊區，建造了大批不堪居住也外觀醜陋的住宅社區。當中有些今天還看得到：巴黎的一個郊區，塞勒斯（Sarcelles），至今仍然見證著，行政官僚對於轄下住民的日常生活，是何等的傲慢與漫不在乎。羅南點（Ronan Point），倫敦東區一棟特別醜陋的大樓，自己崩塌了；但是那個年代的其他建築，大多仍然矗立在我們眼前。

地方與國家當局對於所做決策造成的傷害漠不關心，可以代表戰後計劃經濟與重建過程中一個令人困擾的面向。認為當局的官員最了解狀況（意思是說他們為了民眾的利益進行社會工程，而民眾並不了解什麼對他們自己才是好的），這個想法並非誕生於一九四五年，而是在這之後的十幾年當中被創造出來的。這就是建築師柯比意的時代：至於大眾對於他們被規劃居住的公寓與被指定的「生活品質」有何感受，大多時候設計者都不放在心上。

到了一九六〇年代晚期，「交給奶媽就對了」這種理念開始遭遇到強烈的反抗。政府不只大規模清除貧民區並冠以「醜陋」的污名，同時也剷除了珍貴的建築與城鎮景觀，對此中產階級自願發起的組織開始進行抗議：紐約的賓夕法尼亞車站（Pennsylvania Station）與倫敦的優斯頓火車站（Euston Station）被恣意摧毀，巴黎古老的蒙帕納斯區（Montparnasse quartier）中心升起一棟巨大而醜陋的辦公大樓，許多城市的區塊重劃也欠缺想像力。這些並非有社會責任感的現代化過程的摸索，也談不上是為了社群的利益，而開始像是一種不受制約也不顧民眾感受的權力的症狀。

就連在瑞典，在這個社會民主黨人對公職的掌控從來不曾鬆動的地方，住宅計劃、社會服務或公共衛生政策儘管十分優越，但這些政策一成不變又毫無轉圜餘地，也開始讓年輕的一代感到難受。如果更多人知道某些斯堪地那維亞政府在戰後年間實施的優生政策（包括以鼓勵或甚至強迫的方式讓被選定的群體節育，以顧全所有人的福祉）那麼大家或許就更能意識到，仰賴一個看管一切的國家，是一件令人感到壓迫的事情。在蘇格蘭，格拉斯哥市政府為勞動階級建造（且為市府所有）的高樓社區容納了超過該市百分之九十的人口；這些社區破敗的氣息見證了（社會主義當道的）市議會對於普羅階級民眾的生活條件是多麼漠不關心。

七〇年代有一種感覺逐漸散播開來：「應該負責的」政府，儘管代表人民，對於人民的需求與渴望卻反應遲鈍。這種感覺助長了社會鴻溝的擴大。站在另一端的，是老一輩的政策規劃者與社會理論者。他們繼承了愛德華七世時代（一九〇一－一九一〇年在位）管理者們的自信，無論男女，都對自己的政績感到驕傲。屬於中產階級的他們特別感到高興的，是能夠把舊日的菁英階級成功地綁進新的社會秩序。

但是這個新秩序的受益者——不論是瑞典的商店店員、蘇格蘭的造船工人、都市裡的非裔美國人或者無事可做的法國郊區居民——對於自己必須仰賴行政當局、地方議員以及官僚規範，都逐漸心生怨恨之情。諷刺的是，對於這個秩序最感到滿意的，也正是中產階級；很大一部分是因為他們接觸到的福利國家，都是作為大眾服務的提供者，而非對其自治與自發性的限制者。

但是最大的鴻溝，是把不同世代切開的那一條。對任何出生在一九四五年之後的人來說，福利國家及其種種建制不再是為了解決更早的困局，而根本是日常生活的基本條件——而且十分無聊與令人討厭。在一九六〇年代進入大學的嬰兒潮世代，從來只知道一種世界，那就是生涯機會總是不斷改善、醫療與教育服務十分慷慨、社會流動性向上的展望非常樂觀，以及——這一點或許是最重要的——一種無法定義但卻無處不在的安全感。上一代改革者努力的目標，他們的繼任者已經不再關心，而且正好相反：那些目標越來越被下一代視為限制，約束了個人的自我表達與自由。

六〇年代充滿反諷的遺產

「我們六〇年代這一輩，儘管有偉大的理想，卻因為過度激烈，而親手摧毀了自由主義。」

——卡密爾・帕利亞 CAMILLE PAGLIA

這個時代很奇特的一件事，就是跨代隔閡不只超越了階級，也跨越了國界。年輕人反叛的**修辭**，當然，只見於很小的一群少數：在那些年代裡，即便在美國，大多數年輕人都沒有上大學，而且大學生的示威抗議不必然代表廣大的年輕人。但是，跨代反抗的廣義表徵：音樂、衣著、使用的語言等等，由於電視、電晶體收音機以及流行文化的國際化等因素，卻流傳極其廣泛。到了六〇年代晚期，年輕人與他們的父母之間的文化隔閡之巨大，或許是從十九世紀初期以來所僅見。

這種文化斷裂，呼應了另外一種板塊遷移的現象。對老一輩的左傾政治人物與選民來說，「勞動者」與社會主義之間的關係——也就是「窮人」與福利國家之間的關係——一直是不言自明的。「左派」向來都與都會的工業普羅階級緊密結合，事實上很大程度依賴後者而存在。不論對中產階級實務上有多少吸引力，新政改革、斯堪地那維亞的社會民主體制以及英國的福利國家等等都有個基礎，就是假定廣大藍領階級及其鄉村地區的盟友都會支持。

但是在一九五〇年代整個階段裡，這個藍領普羅階層開始分裂與縮小。傳統工廠、礦坑以及運輸工業裡的粗重工作漸漸轉成自動化，服務產業興起，女性占勞動力的比例也不斷上升。即便在瑞典，社會民主派再也無法只靠確保傳統勞工多數的選票就當選。老左派的根基是在勞動階層的社群以及工會組織，所以還可以仰賴集中的工業勞動人口直覺的集體主義與社群紀律（與無條件的服從）。但是他們占總人口的比例越來越小。

新左派——在那些年裡他們開始如此自稱——則是非常不一樣的一群人。對一個年輕的世代來說，要達成「改變」，不再是從獲得授權的代言人來定義與領導有紀律的群眾運動來達成。「改變」本身看起來已經從工業的西方走進發展中或「第三世界」去了。共產主義跟資本主義一樣，都被標上停滯不前與「壓迫」的罪名。徹底的革新與行動的主動性，現在落在遙遠的貧農或一群新的具革命性的選民手裡。從前老左派推出的候選人是男性普羅階級，現在新左派推出的則是「黑人」、「學生」、「婦女」，以及不久之後的同性戀者。

既然這些選民，無論在國內或國外，在福利社會的建制內分別都沒有被代表，新左派便十分有意地把自己呈現為，不只反抗資本主義秩序的不正義，而且特別還反抗這種秩序的最先進型態所展現的「壓迫性的寬容」：後者指的就是那些負責把舊有的限制解除、或者為所有人供應生活福利的善意規劃者。

最重要的是，新左派——連同其非常年輕的支持者——拒絕從老左派那裡繼承傳統的集體主義。對老一代的改革者來說，無論是在華盛頓或斯德哥爾摩，「正義」、「機會均等」或「經濟安全」都是共有的目標，都只能透過共同的行動來達成。無論過度干涉的規範以及由上而下的管制有什麼缺點，這都是為了社會正義必須付出的代價，而且十分划算。

但是年輕一代的人看事情的方法就非常不同。激進青年不再關注社會正義。把六〇世代統一起來的，並非所有人的利益，而是每一個人的需求與權利。「個人主義」——也就是主張每個人私人的自由、以及表達自我欲望的不受限制的自由都能極大化，並且為我以外的社會所尊重並被制度化——成為左翼當紅的口號。做「你自己的事」、「完全放鬆完全坦率」（letting it all hang out）、「只要做愛，不要戰爭」，這些目標本身並不糟糕，但是本質上都是私人的目標，而非公共的福祉。不令人訝異地，這股潮流最後催生了那個被廣泛接受的主張：「個人即政治」。

六〇年代的政治因此弱化與分裂了，成為眾多個人對社會與國家的要求之總和。「自我認同」（Identity）開始大量占據公共的言說：私人的自我認同、性別的自我認同、文化的自我認同。從這裡，只要再往下一小步，就將是碎片化的激進政治，也就是變形成為多元文化主義（multiculturalism）。令人好奇的是，新左派對於遙遠國度裡人類的集體屬性——他們把這些集體屬性歸結為不具名的社會範疇，比如「貧農」、「後殖民」、「底層」等等——從頭到尾都極其敏銳；但是在國內，他們卻把個人的概念捧到天上。

不論個人的要求多麼合理、個人的權利何等重要，強調這些都會導致一個無法避免的代價：大家越來越感覺不到社會共同的目標。從前人們曾經從社會，或階級，或社群中汲取自己的規範性語彙：對所有人都好的事，定義上就等於對任何一人都好。但是這句話如果顛倒過來，就不成立。一個人認為好的事，另外一人不必然覺得有價值或興趣。舊時代的保守派哲學家非常了解這一點，這就是為什麼他們在合理化傳統權威及其對個人的要求時，所訴諸的是宗教的語言與意象。

但是新左派奉行的個人主義，既不尊重集體目標，也反對傳統權威，畢竟，他們是又新又左。所以新左派所剩下的，只是個人私自衡量的利益與私人欲望，是完全主觀的東西。而這一點又鼓勵人們訴諸美感與道德上的相對主義；如果某件事情對我是好的，我並沒有義務來確定這件事對其他人是否也是好的，更談不上要求其他人接受這件事（「做你自己的事」）。

誠然，六〇年代許多激進青年都相當熱切地支持把一些選擇強加於他人之上；但是只有當那些是遠在天邊、他們理解也非常有限時的群體時，這種情況才會發生。以今日的眼光回頭望去，當日的西歐與美國有如此多人為毛澤東專斷推動、口號齊一的「文化大革命」表達熱切的擁護，在自己國內卻把文化革新定義為私人的主動權與自主性的極大化，這不能不說是一件令人驚訝的事。

以長期的眼光回顧，也許有人會覺得奇怪，六〇年代會有這麼多年輕人認同「馬克思主義」以及各式各樣的激進思潮，同時卻跟守舊的規範與政府公權的目標分道揚鑣。但是馬克思主義只是一個修辭的大傘，各種十分不同的異議路線都可以聚集於其下，特別是因為馬克思主義提供了一種虛假的連續性，讓年輕的一代以為跟老一輩的激進者有所連結。但是在這一頂大傘之下，以及受到這種幻覺的左右，左派變得四分五裂，也喪失了對公共目標的一切理解。

正好相反，「左派」擺出一種相當自私的模樣。在那些年代裡，要站到左派上，要當一名激進青年，你得看重自己，推銷自己，而且關懷範圍狹窄地教人納悶。左翼的學生運動更關切的是大學的開放時間，而非工廠的勞動狀況；出身於義大利上層階級的大學生，以革命正義之名，痛打薪資微薄的警察；要求性解放的輕浮標語與反諷海報，取代了憤怒的普羅階級對資本主義剝削者的抗議。這並不是說年輕一代的激進者對不正義或政治人物的瀆職不法漠不關心：六〇年代的反越戰以及種族暴動並不是小事。但是這些抗議已經脫離了對集體目標的理解，而且被視為是個體的自我表達與憤怒的延伸。

英才政治造成了矛盾的結果：六〇世代極大程度是福利國家成功的產物，但是這個世代卻對福利國家毫不留情地發出年輕氣盛的責難。這個矛盾反映了某種勇氣的喪失。古老的貴族階級會經讓位給用意良善的社會工程師世代，但是這兩者對於其子輩與孫輩的激進不滿都手足無措。戰後年間隱而未宣的共識現在被打破了，一個新的、無疑很不自然的共識正開始浮現，其核心就是將私人關懷放在至高無上的地位。年輕的激進者絕不會用這種方式描述他們的目標，但是最能煽起他們情緒的，就是「值得禮讚的私人自由」

與「令人惱怒的政府制約」這一組區別。十分諷刺的是，同樣這一組區別也可以用來界定新興起的右派。

奧地利人的復仇

「我們必須面對一個事實：個體自由的保全，以及把我們關於分配正義的觀點完全實現，這兩者是互不相容的。」

——弗瑞德里希・海耶克 FRIEDRICH HAYEK

保守主義——更不用說意識形態右派——在二戰之後很長一段時間裡，都是少數人的選擇。古老的戰前右派已經把自己的名聲敗壞了兩次。在英語系國家裡，保守派沒能預見與了解經濟大蕭條，也無能修復其所造成的巨大損害。在二戰爆發之時，只有古老的英國保守黨裡的死硬派，以及絕不妥協的共和黨人，還在反對華盛頓的新政派以及倫敦的凱因斯派之施政者所做出富有想像力的努力，來回應這場危機。

在歐陸，保守派的菁英與占領的德軍達成和解（而且做了其他更糟的事），並為此付出代價。隨著軸心國戰敗，他們從官職與權力的位置上被趕了下來。在東歐，舊日的中間與右派政黨被接手的共產黨殘酷地摧毀，但是即便在西歐，傳統的反動派也無處容身，取代他們的，是新一代的溫和派。

知識分子的保守主義狀況稍微好一點。每一個信奉麥可·歐克秀的人（即以宣戰之姿嚴厲地鄙視主流的現代思想），都要面對一百個支持戰後共識的進步知識分子。沒有誰有興趣聽自由市場派或「最小國家論者」多說幾句話；而且，雖然老一輩的自由主義者本能上對社會工程仍然頗有疑慮，但是，只要有審慎理由，他們也全心支持高度積極的政府主動作為。事實上在一九四五年之後，政治論述的重心並不是落在左派與右派之間，而是在左派之內：也就是介於共產主義及其同情者，以及占主流地位的自由派社會民主主義的共識之間。

在那些共識完整的年代裡，最接近嚴肅的理論保守主義的，是法國的雷蒙．阿宏（Raymond Aron），英國的以撒．柏林（Isaiah Berlin）以及（儘管調子頗為不同）美國的希德尼．胡克（Sidney Hook）等人。他們三人對「保守派」這個標籤都會感到畏縮；他們是古典的自由主義者，因倫理及政治的理由而反共，而且浸淫在十九世紀對過度強大政府的疑忌之中。儘管方式不同，但這些人都是現實主義者；他們承認就社會福利進行干預有其必要，更支持累進稅制以及公共福祉的集體追求。但是從本能與經驗來說，他們反對一切形式的政府威權。

阿宏在這些年間最為人所知的，是他毫不動搖地對教條馬克思主義意識形態的敵對立場，以及他深具洞見地對美國的支持，即便他從未否認美國的缺點。柏林在一九五八年以其教授就職演說〈自由的兩種概念〉聲名鵲起；演說中他區分了積極的自由（追求只有國家能夠保證的權利），以及消極的自由（能夠不受干擾地做自己覺得適當之事的權利）。雖然他始終自認是傳統的自由主義者，對他所認同的英國自由主義傳統的種種革新願景懷有同情理解，後來的新自由至上主義者卻將他視為思想淵源之一。

跟非常多當時的美國人一樣，胡克全心投入於反共的鬥爭。他的自由主義因此在實踐中限縮為對開放社會中傳統自由的倡議。以通常的美國判準來看，像胡克這樣的人完全就是社會民主主義者，只是不被這麼稱呼而已。他們與其他美國的「自由派」（比如丹尼爾．貝爾〔Daniel Bell〕）一樣，對歐洲的政治理念與實踐共同享有一種選擇性的親緣感。但是因為對共產主義的反感太強，讓胡克與傳統的保守派人士之間搭起了一道橋樑；在接下來的許多年裡，雙方藉由這座橋交往也越來越容易。

右派重新抬頭，這之所以變得容易，不只因為時間的流逝——人們忘記了一九三〇與四〇年代的創傷，因此面對傳統保守派的聲音也更為開放——也因為對手的促成。學生運動、新左派意識形態以及六〇世代流行文化的自戀性格，引起了保守人士的反擊。右派現在可以宣稱，我們代表「價值」、「國家」、「尊重」、「權威」以及一個國家（或大陸，或甚至「西方」）的遺產與文明；這些都是「他們」（左派、學生、年輕人、激進的少數派）不能理解或欠缺感受的東西。

我們聽這種修辭已經太久，彷彿右派理所當然就會訴諸這種言說。但是直到六〇年代中期前後，聲稱「左派」對國家或傳統文化或甚至「權威」漠不關心，是十分荒謬的。正相反，老一輩的左派正好在這些面向上是無可救藥地守舊與老派。凱因斯、BBC創辦者萊特勛爵、法國第一任文化部長馬樂侯或戴高樂的文化價值觀，即便是他們左傾的反對者也都全盤共享：除了在俄國革命後很短的一段時間以外，主流的政治左派無論在美學以及其他非常多文化面向上，一直都是非常傳統的。如果右派完全只跟老一代的社會民主派與福利自由派交手，就永遠不可能獨占文化的保守主義與「價值」的論述。

保守派**能夠**指出他們自己跟老左派不同的地方，正是在關於國家及其用途的問題上。而且就算在這一點上，也要等到一九七〇年代中期，新一代的保守主義者才開始敢於挑戰前人的「大政府主義」(statism)，並且提出徹底的藥方，來治療（依照他們的描述）太過雄心壯志的政府所得到的「硬化症」，以及這些政府給私部門的主動性造成的麻痺影響。

主流的中間右派政治人物當中，最早冒險與戰後共識決裂的，是英國的柴契爾、美國的雷根以及在法國的瓦勒里・季斯卡・德斯坦（Valéry Giscard d'Estaing）（但是遠比前兩者猶豫不決）。誠然，貝利・高華德（Barry Goldwater）在一九六四年的美國總統選戰中，就往這個方向做過一次早期的突擊，但給他自己帶來災難性的後果。六年之後，愛德華・希思（Edward Heath，未來的英國保守黨首相）試驗性地拋出自由市場以及縮限國家職責的提案，但是遭到猛烈且不公平的抨擊，說他「時代錯亂地」訴諸早已失效的經濟理念；希思也就倉促撤回主張了。

如同希思的失策所顯示的，雖然許多人為了過度強大的工會或麻木無感的官僚感到惱怒，卻不願意支持政府的全面縮手。社會民主主義的共識，連同其制度性的落實，或許令人厭煩或甚至有家長作風；但是這套體系運作得起來，而且人人都知道這一點。只要人們仍廣泛相信，「凱因斯革命」已經造成不可逆轉的改變，保守派就施展不開。他們或許能在「價值」與「道德」議題上贏得文化戰爭；但是，除非他們能迫使公共政策的辯論走進一個非常不同的領域，不然就注定要輸掉經濟與政治的戰爭。

由此看來，在往後三十年期間裡，保守主義的勝利以及由此而產生的影響深遠的轉型，一點也不是勢所必然的：這當中有一個知識理論層次的革命。在比十年多一點的時間裡，公共對話最首要的「典範」發生了轉移：從介入的熱忱與對公共福祉的追求，轉移成另外一種世界觀——柴契爾眾所周知的急智快語為這個新的觀點做了最好的總結：「根本沒有社會這種東西；存在的只是許多個體與家庭。」在美國，幾乎在同一時間，雷根說出「美國天亮了」並為此取得持久不衰的歡迎。[1]政府不再是問題的解答，而是問題所在。

如果政府是問題所在，且社會並不存在，那麼國家的角色就再度被縮小為一名從旁協助者。政治人物的任務於是在於確認，什麼才是對個體最好的，然後提供條件，讓他在最小阻礙下追求這個目標。這跟凱因斯共識有鮮

1〔譯注〕出自雷根一九八四年著名的選戰廣告。廣告片中呈現美國的早晨，人們出門工作；但此語也暗指美國的復興。

明的對照。凱因斯本人採取的觀點是：如果資本主義的運作方式被縮限到只是給富裕者提供手段，好讓他們變得更有錢，那麼資本主義本身將無法存續。

在凱因斯的眼裡，正是出於一個對市場經濟的運作如此偏狹的理解，才導致了大災難。那麼，為什麼在我們這個時代，我們又重新返回類似的認知混淆，把公共對話化約為僅僅用狹義的經濟術語進行的辯論？凱因斯共識竟能這樣極其輕易地、被一致同意地推翻，想必當時反方的論述十分強大。事實也是如此，而且這些論述其來有自。

我們非自願地繼承了一場辯論，絕大多數人對此辯論都不熟悉。如果被問到，新（舊）經濟思維背後的推動者是誰，我們可以回答，是與芝加哥大學關係緊密的英美經濟學者。但是如果我們問，這些「芝加哥男孩們」的理念是從哪裡來的，我們就會發現，影響他們最大的，是少數幾位外國人，而且清一色都來自中歐：路德維希．馮．米塞斯（Ludwig von Mises）、弗瑞德里希．海耶克、約瑟夫．熊彼得（Joseph Schumpeter）、卡爾．波普（Karl Popper）、彼得．杜拉克（Peter Drucker）。

馮·米塞斯與海耶克是信奉自由市場經濟的芝加哥學派聲名卓著的「祖師爺」。熊彼得最為人所知的，是他對資本主義「創造性的與毀滅性的」力量進行了熱切的描述。波普最有名的是他對「開放社會」的辯護，以及他關於極權主義的論述。至於杜拉克，他關於企業管理的著作在戰後經濟繁榮的數十年間，對企業經營的理論與實踐發揮了巨大的影響。這些人當中，有三人生於維也納，第四位（馮·米塞斯）生於奧地利的蘭伯格（Lemberg，現在稱利沃夫〔Lvov〕），第五位（熊彼得）生於摩拉維亞（Moravia），在奧匈帝國首都北方不過數英哩之遙。兩次大戰之間的災難重擊了他們的祖國奧地利；他們五位全都受此經驗深深震撼。

在第一次世界大戰的浩劫，以及維也納短暫的社會主義市政實驗之後（海耶克與熊彼得參與了這次關於經濟集體化的辯論），這個國家於一九三四年被反動派政變成功，然後在四年之後被納粹入侵且占領。跟其他許多人一樣，這幾位年輕的奧地利經濟學家在這些事件中被迫流亡，而且他們——特別是海耶克——日後的著作與教學，全都被一個畢生追索的核心問題所籠罩：為什麼自由主義的奧地利崩潰了，並落入法西斯的手裡？

他們的答案是：（馬克思主義的）左派嘗試在一九一八年之後的奧地利推行由國家主導的計劃項目、地方政府設立的社會服務以及集體化的經濟活動；但是他們不只失敗了，而且還直接招來了反擊。因此——用最著名的例子來說——波普便認為，當時的社會主義者在他們自己對「歷史法則」的信仰裡動彈不得，完全不是具有激進能量的法西斯主義者的對手；後者會真正採取行動。[2] 問題在於，社會主義者過度信賴歷史的邏輯與人類的理性，而對歷史邏輯和人類理性兩者都不感興趣的法西斯主義者則有接管政權的最佳條件。

因此在海耶克跟他同時代人的眼裡，歐洲的悲劇是由於左派的不足之處而造成的：首先左派沒有能力達成所設定的目標，然後又沒能成功地招架來自右派的挑戰。儘管各自以不同的路徑，他們每一位都做出相同的結論：要保護自由主義與開放社會，最好的辦法，事實上也是唯一的辦法，就是讓國家不要涉入經濟生活。如果政府當局被排除在安全距離之外，如果政治人物

（不論立意多麼良善）被禁止為他的同儕市民的經濟事務進行規劃、操作或指揮，那麼，極左與極右派就都沒有蠢動的餘地了。

如我們已經見到的，凱因斯也面對了同樣這個難題：該怎麼了解兩次大戰之間所發生的事情，以及該如何防止這些事再度發生。事實上，英國的經濟學者提出的問題，根本上跟海耶克與他的同僚所提出的並沒有兩樣。然而，凱因斯認為不證自明的是，面對政治極端主義與經濟崩潰，最好的防範手段就是**加重**國家的角色，包括而且不限於在經濟不景氣時採取干預措施。

海耶克提出相反的主張。在一九四四年的經典著作《到奴役之路》裡，他寫道：

> 光是泛泛而談，難以說明當前英國許多政治著作與德國某些作品有多麼相像。那些作品在德國摧毀了人們對西方文明的信仰，讓人心成

2 Malachi Hacohen, Karl Popper, *The Formative Years, 1902—1945: Politics and Philosophy in Inter-war Vienna* (New York: Cambridge University Press, 2000), p. 379.

了納粹主義可以大行其道的溫床。[3]

換句話說，海耶克（此時已經住在英國，並在倫敦政經學院任教）明白地預測（以奧地利的前車之鑑作為基礎），如果工黨挾其大力主張的福利與社會服務的政策目標，在英國贏得政權，那麼結果將會是法西斯主義。如我們所知的，工黨確實獲勝了。但是他們的勝選並沒有為法西斯鋪好復興的道路，而是協助了戰後的英國穩定下來。

在一九四五年之後的數年間，絕大多數聰明的觀察家都覺得，這些奧地利人犯了範疇混淆的簡單錯誤。跟很多其他奧地利流亡者一樣，他們也認定，在兩次大戰之間的歐洲造成自由資本主義崩潰的條件，都是恆久存在而且可以無限複製的。因此在海耶克眼裡，瑞典是另一個注定要步上德國後塵的國家，因為他們占統治多數的社會民主主義政府在政治上的成功，以及他們企圖宏大的立法計劃。

由於這些從中歐來的流亡知識分子從納粹的教訓中擷取錯誤的心得，或者高度選擇性地只採納這些教訓中的一小部分，使得他們在經濟繁榮的戰後西方被主流邊緣化。用安東尼・格洛斯蘭的話來說（他說這話時值一九六五年，戰後社會民主派信心最高點時）：「現在任何有點分量的人當中，沒有誰還相信海耶克一度頗為流行的論題，即：對市場經濟機制進行任何干預，就一定會讓我們開始向下滑落，一路通往極權主義。」[4]

這些流亡知識分子（特別是當中的經濟學者）活在一種特有的狀態裡，對不理解他們的宗主國心懷怨懟。一切非以個人主義為基礎的社會思想——也就是任何建立在集體範疇、共同目標或社會財、正義等概念之上的論述——都會擾動他們的內心，讓他們痛苦地回想起過去的動盪。但是即便在奧地利與德國，情況也已經有了快速的改變：他們的回憶已經不太能適用在實際的狀況上。像海耶克或馮・米塞斯這樣的人，看起來在專業與文化上注定要落入邊緣的處境。只有當福利國家開始遭遇困難時，他們這些一直以來都

3 Friedrich Hayek, *The Road ot Serfdom* (Chicago: University of Chicago Press, 1944), p. 196.
4 Anthony Crosland，前引著作 p. 500.

熱切預告福利國家必定失敗的人的觀點，才再度找到了聽眾：高賦稅會抑制經濟成長與效率，政府管制會讓主動性與企業精神陷於僵化，政府愈小社會就愈健康，以及種種此類。

因此，當我們重新講述關於自由市場與西方自由的老調時，我們實際上在重複——彷彿消逝的星星留下的微光——七十年前的一場辯論，而且點燃並進行這場辯論的人，絕大多數都生於遙遠的十九世紀晚期。誠然，今天我們討論時被鼓勵使用的經濟辭彙，一般來說並不會令人聯想到這些遙遠的政治異見與經驗上；這些奇異的外國思想家，絕大多數商學研究所的學生從來不曾聽過，也從來不在他們研讀的書目上。然而，如果不了解這些人的（以及我們自己的）思考方式具有奧地利的起源，那就會像我們說著一種自己不完全理解的語言。

在這裡或許值得一提的是，追隨者做了意識形態的過度簡化，這一點不能算在海耶克的頭上。像凱因斯一樣，海耶克把經濟視為一種詮釋性的科學，不為預測準確度負責。如果海耶克反對計劃經濟，那是因為計劃經濟不得不建立在計算與預測之上，而後兩者基本上沒有意義，因此也是非理性的。計劃經濟並非道德的違失，更不是因為違背某些普遍原則所以才不值得追求。計劃經濟根本是行不通的。而且，如果海耶克思想一貫的話，他也會承認，探討市場機制的「科學」理論大致上也有相同的毛病。

當然，差別在於：計劃經濟如果要達成所預期的目標，需要強制推行，因此直接造成獨裁統治——這才是海耶克真正的眼中釘。充分效率的市場或許是個神話，但是至少不需要由上而下的強迫。儘管如此，海耶克教條般地反對一切中央式的控制，也招來了教條主義的批評。麥可．歐克秀觀察到，「海耶克主義」本身成了一種教義：「一個抵制一切計劃經濟的計劃或許比它所反對的東西好，但卻跟它所反對的東西屬於同一種風格的政治。」[5]

在美國，年輕一代充滿自信的計量經濟學者（經濟學的一個子科目，其自吹自擂的科學性一定會讓海耶克與凱因斯兩人大為跳腳）普遍相信，社會

5 Michael Oakeshott，前引著作p. 26.

民主主義是不可達成的，也會產生扭曲的後果，而且他們幾乎把這個信念奉為一種神學。在美國國民的日常生活中，每一個嘗試擴大政府（或公部門）角色的努力，本來就容易招來普遍的譴責，這個如宗教般的信條也不例外。

在英國，從奧地利學說衍生出來的這個特殊學門，並沒有獲得類似的成長力道。理由十分簡單，深受民眾歡迎的免費醫療照顧，和政府補助的高等教育是最顯然的例子。但是在柴契爾、布萊爾與布朗的時代裡，在銀行家、證券交易商、新富階級以及任何能接觸巨量金錢的人的推崇與認可之下，最小管制的「金融服務產業」獲得毫無保留的讚美，結果使得一般人也深信，金融商品的全球市場運作天生就是良性的。

這種對金錢與有錢人徹頭徹尾的崇拜，海耶克或熊彼得（資本主義毀滅的預言家）究竟會說些什麼，是另外一個問題。但是無可懷疑的是，在當代英國，為巨大且不斷擴大的財富差距合理化的論述，是直接取自對有限監管、最小干預與私部門優點的辯護，而奧地利經濟著述對這些辯護做出了如此直接的貢獻。

英國的案例甚至比美國更能凸顯，這種現代經濟語言倒退式的轉型，實際上造成的後果（儘管冰島對掠奪性銀行操作的狂熱所釀成的悲劇故事，是比英美還要更具體鮮明的例子）。一開始是幾位傑出的知識分子從兩次大戰之間的歐洲流亡到了英國；在經歷了兩個世代的學院經濟學家專心致志地重新調整他們的學科之後……我們來到了近幾年來的銀行、抵押、私人理財以及槓桿基金醜聞的時代。

在每一個自私可恥的（或僅僅是能力不足的）銀行經理與交易員的背後，都有一個經濟學家；這名經濟學家站在一個不受挑戰的知識權威的位置上向他們（也向我們）保證：他們的行動對公眾是有用的，無論如何都不該受到集體的監督。站在那位經濟學家以及他容易上當的讀者背後的，則是一些早已死去的辯論及其參與者。

一些既定分類與陳腔濫調形塑且扭曲了華盛頓與倫敦的政策制定，我們卻沒有能力在思想中將其超越。這說明了我們當前公共語言的蒼白脆弱，也因此驗證了凱因斯最偉大的洞見之一：

一些實際的人以為自己完全不受任何知識界的影響，但其實常常是某些已經消逝且為人淡忘的經濟學家的奴隸。當權的一些瘋子在風中聽到啟示，從數年前某些拙劣的學院作者那裡汲取精神的狂亂。我確信，既得利益的力量被嚴重誇大了；真正厲害的，是理念逐漸越界與侵犯的力量。[6]

私有的崇拜

「向倫敦市建議，為了公共福祉而採取社福行動，
這情況跟在六十年前與一位主教討論《物種原始》沒有兩樣。」
——約翰·梅納德·凱因斯

那麼，凱因斯所謂的「當權的瘋子」靠著某些已消逝的經濟學者的理念，到底做了些什麼呢？他們已經著手拆除政府的經濟力量與主導能力。重要的

是，有一點必須弄清楚：這不必然表示政府**本身**會縮小。柴契爾跟小布希與布萊爾一樣，在擴充中央政府鎮暴與情報蒐集部門時從來不曾猶豫。藉由閉路攝影機、電話監聽、美國國土安全部（Homeland Security）、英國內政部獨立保安局（Independent Safeguarding Authority）以及其他機制，現代國家對其國民所能施行的全面影像監控，也繼續不斷擴大。挪威、芬蘭、法國、德國與奧地利——清一色「從搖籃到墳墓」型的福利國家——從未在戰時以外尋求這類手段，反而是最標舉自由的盎格魯薩克遜市場經濟社會體，才在這些歐威爾「老大哥」式的方向上走得最遠。

同時，如果我們必須確認，標誌二十世紀最後三分之一的思想變遷造成了哪種普遍的結果，那麼答案必定是對私部門的推崇，以及這當中最特別的一點：對私有化的崇拜。有人也許會說，各國熱衷於放棄國有財產，純粹是務實的考量。為什麼要私有化？因為在預算有限的時代裡，私有化看起來

6 見於 Robert Skidelsky, *John Maynard Keynes: Volume 2: The Economist as Savior, 1920—1937* (New York: Penguin, 1995), p. 570.

可以省點錢。如果國家擁有一座效率低落的工廠或者一個耗費高昂的服務項目，比如：一座水力發電廠或者國營鐵路，私有化可以把這個重擔丟到私人買主的肩膀上。

這種銷售為國家賺進了金錢。同時，在進入私部門之後，由於有獲利動機的推動，上述工廠或服務的運作也變得更有效率。所有人都得到好處：服務改善了，國家卸下了一項不適合承擔的責任，投資人獲利了，而且公部門從出售中獲得一次性的收益。所以表面上看來，私有化代表的是：優先以國家為中心的固有想法被放棄了，改成直截了當的經濟計算。

畢竟，「在幾乎所有國家裡，國有化的工業從來無法被證明比私部門或混合部門更好。」[7]而且，國有存在不少問題，這一點毫無疑問。特別是在英國，財政部把有獲利潛能的經營項目僅僅當成搖錢樹。投資必須最小，盈餘繳回必須最大，以便填補國庫。因此，鐵路與煤礦由於社福與政治的考量被預期要壓低價格；但是同時財政部又要求他們要有獲利。

長期而言，這會造成經營的無效率。在其他地方，比如瑞典，國家在經濟運作中直接介入的程度較小，但是常常規範薪資、工作條件、物價與產品等，結果使經濟的活力降低。而且，私有化除了短期的金錢利益以外，理論上還會帶來進取心與效率提高的好處。即便不提別的，人們也合理假設，一個從國有地位轉為私有的企業，在經營上一定更會考慮長期投資與有效定價的問題。

以上是理論。實踐上則很大程度不是這麼回事。隨著現代國家的來臨（在過去一個世紀的過程中特別顯著），運輸、醫院、學校、郵政、軍隊、監獄、警察武力跟大眾可負擔的文化活動——也就是關鍵性的但是與獲利的目標不相容的服務項目——都被納入公共的規範或控管。但是現在這些項目正重新被交到私人企業家的手上。

我們一直見到，公共責任持續地被移轉到私部門，而且並未帶來可見的集體利益。與經濟理論、與大眾迷思正好相反，私有化才是**沒有效率**。各國

7 Daniel Bell, *The Cultural Contradictions of Capitalism* (New York: Basic Books, 1976), p. 275.

政府認為適合並交給私部門的項目，絕大多數都發生營運虧損：不論是鐵路公司、煤礦、郵政服務或能源設施，他們提供服務與維持營運的成本都增加，以至於從來無法指望能靠收益數字吸引人。

正為了這個原因，這類公共財本質上就不吸引私人買家，除非政府用跳樓拍賣的價格出售。但是當國家廉價賣出，公共福祉就受到損害。有人曾經計算過，英國在柴契爾時代進行的各項私有化過程中，許多存在已久的公共資產被用故意壓低的價格出售給私部門，導致納稅大眾有一百四十億英鎊的錢被淨移轉給私人股東與其他投資人。

在這個損失之外，還要加上銀行家執行這些私有化交易收取的費用三十億英鎊。於是國家實際上向私部門支付了大約一百七十億英鎊（折合三百億美金），來促成這些資產的出售（若非如此這些資產沒有人願意接手）。這是一筆相當可觀的金額，比如說，差不多等於哈佛大學的校產基金，或者等於巴拉圭或波士尼亞－赫塞哥維納（Bosnia-Herzegovina）每年的國內生產毛額。這幾乎不能被理解為對公共資源的有效率的運用。

英國這些私有化之所以在表面上讓人誤以為帶來利益，其中一個原因在於，英國數十年來相對於歐洲其他競爭者的一路衰敗，也正好在這個時候中止了。但是這個結果幾乎完全是由於其他國家成長率下滑而達成的：英國的經濟表現並沒有突然向上翻轉。對英國私有化政策最好的研究做出如此結論：私有化本身對長期的經濟成長只有極其微薄的影響，同時卻把財富從納稅人的口袋裡掏出來，逆向重分配給新完成私有化的公司股東。[8]

私人投資者之所以願意購買顯然無效率的公共財，唯一的理由，是因為國家消除或減低了他們所暴露的風險。以倫敦地鐵的案例來說，當局採取了「公私營合作」（Public-Private-Partnership, PPP）模式，以爭取有興趣的投資者對地鐵路網挹注資金。政府向購買股份的公司保證，無論發生什麼事，保護傘都會讓他們免於嚴重的損失——此舉正好消滅了私有化的經濟誘因，即追求獲利的動機。在這種特許的條件下，私部門的表現至少會跟公部門的對應單

8 Massimo Florio, *The Great Divestiture: Evaluating the Welfare Impact of the British Privatizations 1979—1997* (Cambridge: The MIT Press, 2006), p. 342.

位同樣無效率——取走獲利並把損失記在政府的帳上。

結果是「混合經濟」裡最糟糕的一種：由公有資金無限制地為私人企業承擔財務責任。在英國，新完成私有化的國民健保醫院集團（National Health Service Hospital Groups）不時停擺，因為國家鼓勵他們創造各式各樣的利潤，但是強制他們壓低收費，連他們認為市場或許可以承受的價格也不准收。在這一點上，醫院信託管理基金會（hospital Trusts）則回過頭來讓政府買單（跟倫敦地鐵一樣，其公私營合作於二〇〇七年破產）。當這類事情頻繁地發生——國有鐵路就是這樣——實質上就等於逐步回歸國有，卻缺少公共監管的所有利益。[9]

結果導致道德風險。二〇〇八年幾家規模過大的銀行把國際金融拖垮時，一個流行的老調稱他們「大到不能倒」。這種論調當然可以無限地擴大適用，沒有一個政府會允許其鐵路系統就這樣「收起來」。私有化了的電力或瓦斯公司，或者空中交通控制網絡，即便管理不良或財務能力不足，政府也不能坐視他們停止運轉。當然，這些公司新任的經理人也非常清楚這一點。

奇怪的是，海耶克雖然在其他方面眼光銳利，卻沒有注意到這一點。他強調獨占性質的產業（包括鐵路與電力公司）應該交給民間營運，卻沒能預見這意味著什麼：既然這類關乎基本民生的全國服務絕不可能被允許倒閉，這些民營業者可以任意冒險、浪費或錯置資源，而且一直知道政府最後會照單全收。

甚至在其營運原則上對集體有利的機構與企業，也同樣存在道德風險。大家記得全國聯貸協會房利美（Fannie Mae）與聯邦住房抵押貸款公司房地美（Freddie Mac）的案例；他們是負責向美國中產階級提供房屋貸款的私人機構：對一個建立在財產私有與廉價貸款的經濟體來說，他們的服務對消費者的福祉至關重要。在二〇〇八年的大崩潰之前幾年，房利美已經在向政府借錢（貸款利率經過人為壓低），然後以市場水準轉貸出去，從中賺取可觀的

9 在營運的最後一年裡，即一九九四年（英國鐵路自一九九四—一九九七年漸次私有化），國有的英國鐵路花費納稅人九億五千萬英鎊（約當十五億美金）。到了二〇〇八年，鐵路網公司（Network Rail），這間半官方的接手公司，花了納稅人五十億英鎊（約七十八億美金）。

利潤。

既然這是一間私人公司（雖然有特許的管道使用公有基金），那些利潤算起來都是公有資金，只是經過循環後落入公司的股東與經理人的口袋。這些自私自利的貸款業務雖然讓數百萬人得以貸款購屋，但這件事實只不過更增加他們的罪行：當房利美被迫收回貸款時，廣大的美國中產階級深受其苦。

美國人私有化的程度不如英國人（雖然後者欽羨前者），但是美國人故意讓不受歡迎的公共服務（比如美國聯邦鐵路〔Amtrak〕）資金匱乏，結果是這些設施功能不彰，注定或早或晚要以跳樓拍賣的價格向私人買家出售。在紐西蘭，政府於一九九〇年間把鐵路與渡輪服務私有化，結果新的擁有者毫不容情地賣掉了所有仍具市場價值的資產；二〇〇八年七月，威靈頓政府很不情願地把肚腸慘遭挖空且仍然無法盈利的運輸業務重新收歸國家監管——付出的代價非常高昂，遠遠超過一開始對他們做適當投資所需的資金。

在私有化的故事裡，有贏家也有輸家。在瑞典，國家歲收由於一次銀行危機嚴重短缺，九〇年代初期的（保守派）政府因此把向來由國家獨占的退休金提撥業務的百分之十四，從公共的體系移轉到私人的退休帳戶。可以預見的是，這項改變的主要受益者是該國的保險公司。同樣地，英國的自來水與電力公司被賣給出價最高的買者時，交易條件包括讓數萬名勞工「提前退休」。勞工失去了他們的工作，國家背負起未提撥的退休金重擔，但是新成立的私人自來水與電力公司卻免除了所有的責任。

把資產的所有權移交給生意人，使國家得以擺脫道德義務。這都是精心盤算的：在英國，在一九七九與一九九六年之間（即柴契爾與梅傑在位期間），家戶服務（personal services）當中，由政府外包給私部門執行的比例從百分之十一上升到百分之三十四；特別是對老人、幼童與精神病患的居家照護，外包比例增加的幅度最為劇烈。新完成私有化的收容所與照護中心很自然地把服務品質降到最低點，以擴大利潤與紅利。就這樣，福利國家被偷偷地拆解了，讓少數企業家與股東從中得利。

說到「外包」，我們就要提到第三個反對私有化的理由；或許也是最有說服力的一個。在國家試著擺脫的許多資財與服務裡，有許多項目經營狀況都很差：管理無能、投資不足等等。儘管如此，像郵政、鐵路網、安養中心、監獄以及其他被規劃要私有化的國家服務，經營再怎麼差，都不能完全交到變化難料的市場手上。這些服務當中的絕大多數，從本質上就需要有人來規範。這也是為什麼這些項目一開始都是由國家負責的。

把這些本質上屬於集體的基本服務以半私有半公共的方式移轉出去，確實讓我們回到一個老故事。在今天的美國，如果你的所得稅申報被審核的話，那是因為政府決定要調查你；但是這調查本身很有可能會交由一間私人公司來進行。後者與政府簽訂了合約，來為政府提供這項服務；許多私人代理商也是以大致類似的方式跟華盛頓簽訂合約，來為政府在伊拉克與阿富汗提供安全、運輸與專門技術（目的在賺取利潤）。

簡言之，政府現在越來越把自己的責任外包給私人廠商，因為這些廠商表示能做的比政府更好而且花費更低。在十八世紀，這叫作包稅（tax farming）。近現代早期的政府常常沒有足夠的能力徵收稅金，因此向民間私人招標來進行這項任務。出價最高的人能得到這份工作，並且在向政府繳納約定的金額之後，可以放手向民眾任意徵稅，徵到多少都可以自己保留。政府用打過折的預期稅收，換取立即入帳的現金。

在法國君主制崩潰之後，人們普遍承認，包稅是極其無效率的辦法。首先，包稅使政府名聲敗壞，因為在大眾的眼裡，這個四處搜刮、牟取暴利的私人業者，就代表政府。第二，跟一套管理良好的政府徵稅辦法比較起來，包稅給政府帶進的稅收顯著少得多（即便只因為包稅的利潤歸包稅者所有）。還有第三，包稅制使納稅人心懷不滿。

在今天的美國與英國，我們有一個名聲敗壞的政府，以及太多四處搜刮、牟取暴利的私人業者。有趣的是，我們（還）沒有心懷不滿的納稅人——或者，至少他們一般來說是為了錯誤的原因而心懷不滿。儘管如此，我們自己創造出來的問題，本質上跟古代政府面對的問題是可以互相比較的。

今天的問題跟在十八世紀一樣：由於把國家的責任跟職能掏空了，我們已經削弱了國家的聲譽。在英國，很少人（在美國還要更少）還繼續相信所謂的「公共服務的使命」，即：政府有責任提供特定種類的資財與服務，只因為事關公共的福祉。一個政府如果承認自己無意願承擔起這樣的職責，而選擇把這些職責移轉給私部門，並交給變化難料的市場——不論這個政府藉此是否提升了效率，其實都已經背棄了現代國家的核心屬性。

在長達數個世紀的過程裡，國家逐漸把個人無能力或無意願做的事情擔負起來；私有化則實質上逆轉了這個過程。這對公共生活逐漸造成的破壞，在新的「政策行話」（'policy speak'）裡常常被不經意但十分清楚地表達出來。今天在英國高等教育的圈子裡，「市場」的隱喻主宰了溝通與對話。院長與系主任在判斷某人的工作時，不得不評估其「產出」與經濟「效應」。當英國政治人物與政府官員想到要為放棄傳統公共服務的獨占政策提出理由時，他們的說法是「讓供應者多樣化」。當英國勞動與國民年金事務部部長於二〇〇八年六月宣佈，計劃把社會服務私有化時（包括緩解性質的短期失業救助與就業輔導計劃，白廳〔Whitehall；即英國政府〕用來美化失業率數字的手段），他們描述自己是「將福利的遞送最佳化」。

當所有公共服務——從地區巴士到區域巡邏警察——現在都成為私人公

司的業務範圍，而且這些公司完全只用短期的獲利程度來衡量其服務表現，那麼這對接受服務的一方意味著什麼呢？首先，這對福利水準產生負面效應（negative welfare impact，讓我們也用一下政策行話）。舊式的公共服務主要的缺點，就是規章與設施的限制太多，一視同仁而沒有彈性，這些都是眾所周知的毛病，想想瑞典的酒類商店、英國鐵路的咖啡簡餐店、加入了工會的法國福利辦事處等等就知道了。但是至少他們提供的服務是面向全民的，而且無論好壞，至少他們都被視為公共責任。

企業文化的興起摧毀了這一切。一個私有化的電話公司也許更懂得提供一個禮貌且自動化的電話客服中心，來聽取用戶的抱怨（相對地，在舊日的國有電話公司的制度下，抱怨者十分清楚不會有人理他）；但是實質上並沒有顯著的改善。再者，私人公司提供的社會服務，並不以所有國民都有權享有的公共財的面貌出現。因此不令人訝異地，雖然法規上符合資格，實際上使用這些福利與服務的人數，呈現巨幅滑落的現象。

結果是一個肚腸慘被挖空的社會。從底層民眾的角度看來，他尋求援助

——失業救濟金、醫療補助、社福津貼或其他官方批准的服務項目——時，第一時間想到的不再是國家、行政當局或政府。他所需要的服務或補助，現在常常都是由一個私人企業間接「遞送」。於是，原本由社會合作與公共財構成的濃密網絡，被縮減到最小程度；把國民與國家連結起來的，僅僅剩下威權與服從。

「社會」被化約為一層介於私人與私人之間的稀薄互動，而這種化約，在今天，又被呈現為自由至上主義者與自由市場信仰者的宏大企圖。但是我們永遠不該忘記，最早也最熱切提出這些夢想的人，是雅各賓黨人、布爾什維克黨人跟納粹：如果再沒有什麼東西把我們連結起來並構成一個社群或社會，那麼我們就徹底地成為國家的附屬了。政府若功能太差，或聲譽過於敗壞以致無法通過公民參與來施政，通常就會用其他手段來達成他們的目的，包括煽動、哄騙、威脅、以及最終強迫民眾來服從他們。公共服務彰顯社會的集體願景，而此願景一旦喪失，實際上會讓權力過大的政府更增強其不受制約的力量。

這個過程沒有任何神祕難懂之處：愛德蒙．柏克[10]在他對法國大革命的批判裡有非常清楚的描述。他在《法國大革命的反思》（*Reflecions on the Revolution in France*）中寫道：任何社會如果摧毀其國家的基礎結構，必定很快就被「解體，並化成一個個如灰塵與粉末般的單獨個體」。在把公共服務剜去其核心內容、並將之削減成一個由許多私人承包商構成的網絡之後，我們便開始拆除國家的基礎結構了。至於如灰塵與粉末般的單獨個體：沒有什麼比這個更像霍布斯所說的「所有人對所有人的戰爭」；在其中，多數人的生活再度陷入孤獨、貧困與極大的痛苦中。

10〔譯注〕Edmund Burke，十八世紀出身愛爾蘭的英國政治家與哲學家，英美保守主義奠基人物。

民主的赤字

「我們跟其他城邦不同之處，
在於我們把一個對公共生活冷漠的人視為無用之人。」
——伯利克里斯 Pericles

公部門的解體帶來一個引人注目的後果：我們越來越難以理解與他人的共同之處。我們很熟悉一般對網路「碎片化」效應的責備：如果每個人都選擇吸收他有興趣的一小片知識與資訊，卻避免接觸任何其他訊息，那麼我們雖然的確構成了（建立在選擇的親緣性之上的）全球社群，卻跟我們的鄰居形同陌路。

若是如此，那還有什麼東西能把我們連結在一起呢？我的學生常對我說，關於新聞事件與公共事務，他們只知道也只關心一個高度專門的小部分。有些人會閱讀環境災難與氣候變遷的報導，其他人則專注國內政治的爭論，但對國外情勢的發展所知有限。在過去，通過瀏覽報紙或在晚餐時間看到的電視報導，他們至少還會「暴露」在其他訊息裡。但是今天，這類額外的關注都無從發生了。

這個問題特別凸顯了全球化的一個常被誤解的面向。年輕人確實與數千哩外趣味相投的人們互相連絡。但是即便柏克萊、柏林與印度南部的班加羅爾（Bangalore）的學生們有共同的興趣，也並不等於他們就構成一個**社會**。空間是關鍵的因素；而且，政治是在空間中運作的——我們在居住地投票，我們的領導者的合法性與權威，也受限於他被選出的地方。能夠與半個地球之遠的同好即時地彼此連繫，並不能取代這種空間關係。

讓我們好好想一下，有些十分普通的東西，比如保險卡或年金簿，其實有非常重要的功能。在福利國家最早的年代裡，這些東西都得定期蓋章或換新，持有者才能領取他的年金、食物券或兒童津貼。這些存在於仁慈國家與其國民之間的交換儀式，都是在固定的地點上進行的：通常是在郵局。長久下來，由於這種與公共權威及公共政策息息相關的共有經驗——具體表現在這些服務與福利裡，對於民眾建立共有的國民認同，有很大的貢獻。

這種情感對於現代國家及其所統治的和平社會的形成，是至關重要的。直到十九世紀晚期，政府不過是世襲的統治階級施展權力時所憑藉的機器。但是一點一點地，許多向來被握在個體或私人公司手裡的任務與職責，都轉而被國家承擔起來。

例子不勝枚舉。私人的保全公司被取代（與被解散）了，起而代之的是國有或市有的警力。隨著國有郵局的發展，原本的私人郵遞服務變得多餘。傭兵失去了市場，代替他們的是由國家徵募的軍隊。私人的運輸公司並未消失（他們撤退到為極富階層提供昂貴服務的市場），但是作為主要的交通工具，他們的地位被公有或受公共規範的公車、電車、無軌電車與火車取代了。私人的藝術贊助系統（非常適合為獨立小諸侯或孤立的王族表演的私人歌劇院）被公有的文藝基金持續地（雖然從未完全地）替代了；後者的資金來自國家與地方的稅收，也接受國家單位的管理。

這個論點可以不斷延伸下去。歐洲各處出現的國家足球聯賽（Football

League），一方面提供民眾投注精力的管道，打造地區認同，同時也建立了全國性的空間意識與共享的國族熱情。就好像十九世紀末與二十世紀初法國著名的地理課本《兩個小孩遊法國》（*Le Tour de la France par deux enfants*）教導整個世代的法國小學生欣賞法國地圖；同樣地，經由各地區球隊的競賽，英格蘭與蘇格蘭的足球聯賽也讓年輕的球迷認識了他們國家的地理。

從最早時期直到一九七〇年代，足球聯賽一直是單一的整體：球隊依照「實力主義」，也就是根據比賽的表現，在不同的分組間晉升或下放。足球員都是本地人，身上穿著球隊的標誌。當時所有的廣告都侷限在球場周圍的海報；至於把商業標誌貼到球員身上，則根本從來沒有人動過這種念頭——因為色彩與文字的紊亂組合，會使球隊齊一的視覺外觀受到損害。

確實，在視覺上呈現集體認同，在過去一直都是重要的事。比如倫敦的黑色計程車：其獨特的低沉色調是市民在兩次大戰之間的共識，所以在那之後，這個顏色不僅標誌計程車本身，某種程度也表彰了計程車所服務的倫敦市儉樸的統一性。公車與火車也比照辦理；齊一的顏色與外觀設計強化了他們扮演的角色：作為一個單一民族的日常運輸工具。

從回顧的角度，英國對學校制服鮮明的熱愛，或許也帶有相同的目的（其他地方也有制服，但是通常與宗教或社群認同有關——比如教區學校）。今天當我們回顧過去，讓目光跨越被六〇年代「個人主義」熱潮打開的巨大裂縫時，已經很難體會學校制服有什麼優點。想必我們都會認為，這種衣著規範扼殺了年輕人的自我認同與人格吧？

刻板的服裝規範的確可以貫徹權威以及壓制個體性——軍隊的制服就是為了這個目的。但是在當時，制服傳達的是某種平等主義的訊息，不論是穿在學校的學生、郵差、火車車長或路口交通防護員身上。一個身穿規定服裝的學童，就不用面對與家境更好的同儕競爭華美服飾的壓力。制服使一個人跨過社會或族群的界線，非主動地——而且最終來說因此是自然地——與其他人建立共有的認同感。

今天，雖然我們仍然承認有些東西屬於共同的社會義務與需要，但是很彰顯我們時代特色的是，這些事情都交由私人執行了。郵局越來越被私人遞送服務圍困：私人公司捧走了利潤豐厚的業務，把偏遠與窮困地區成本高昂的遞送與取件服務留給國有郵局補貼。公車與火車落入私人手裡，車身被貼上花環一般的廣告；耀眼奪目的色彩宣告的不是他們所提供的服務，而是其擁有者的身分。贊助文藝的資金——比如在英國與西班牙——是由私人管理的樂透公司所提供，形同藉由鼓勵合法賭博，來從社會裡窮困成員的口袋裡籌措財源。

遍及歐洲的足球聯賽如今已經變質，成為少數享有特權的俱樂部專屬的、財力極其雄厚的超級聯賽（Super Leagues）；在超級聯賽之外的球隊，則陷入貧困與無足輕重的窘境。「國家的」空間概念被取代了，換成由異動頻繁的外國金主出資舉辦的國際比賽；足球員從很遠的地方招募而來，也不太可能長期留任，對他們的商業操作，只是為了使金主重新填滿荷包。

倫敦的計程車一度以高效率的車型設計以及司機驚人的在地知識聞名，現在也改成五顏六色的了。傳統計程車以外的車種與造型——儘管既無法在向來被規定的迴轉半徑內回頭，也達不到長期以來被確立的行李廂空間容量

——現在也被允許以官方計程車之名打廣告，等於進一步破壞了原本功能性的統一規格。我們可以預期，在不久的將來，就連這著名的「在地知識」——自一八六五年起，所有領有執照的計程車駕駛，都被要求對倫敦錯綜複雜的街道與廣場路線瞭如指掌——也要以自由企業的名義被放棄或打折扣。

軍隊，特別是美國陸軍，越來越倚賴來自私部門的後勤支援、物資供應以及運輸安全等服務——這是私人企業耗費重金、以短期契約僱用傭兵來完成的。根據最新統計，有十九萬「輔助性質的」私人僱員在伊拉克與阿富汗「協助」美國武裝部隊。

現代國家的重大目標之一，在於對社會交流進行規範，以及將威權與暴力壟斷在國家手上；警察曾經就是這個目標的化身。然而警察出現在歷史上還不到兩個世紀，就開始被私人的保全公司替代：過去三十年裡在我們的都市與市郊冒出了許多「封閉社區」(gated communities)，這些保全公司就是為他們服務並確保其安全。

究竟什麼叫作「封閉社區」，而且這件事情為什麼重要？按照美國一開始的用法——現在也被如火如荼地用在倫敦部分區域，並遍及歐洲其他地方、拉丁美洲、以及亞洲從新加坡到上海等富裕的貿易中心——這個詞指稱一群人聚集在市郊或市區的一個區塊裡，並且天真地認為自己在機能上並不依賴社會上其餘的人。

在現代國家興起之前，這類社區是很尋常的。就算當它們實際上沒有被防禦工事鞏固起來，也代表著一個有別於周遭的私人空間，其邊界有鮮明的標誌，並且有防止外人進入的安全設施。但是隨著現代都市與民族國家的成長，這些有強化設施的小天地——常常由單獨一位貴族或私人有限公司所擁有——跟著融入了都市的周邊地區。由於對當局此時提供的公共安全感到放心，這些社區的居民放棄了私人的警力，拆掉了圍籬，並且把他們的排他性侷限在財富與地位的區隔上。一直到不久之前的一九六〇年代，這種有藩籬的社區如果重新出現在我們身邊，看起來一定還是相當古怪。

但是今天，這種封閉社區到處都是了：那是一種「身分地位」的象徵，一種想把自己跟社會其他成員區隔開來的渴望以及對此渴望的無恥承認，也等於正式認可了國家（或城市）當局無能力或不願意在公共空間裡一體貫徹其公權力。在美國，我們通常在距離遙遠的郊區裡才會看到封閉社區。但是在英國以及其他地方，這種社區也在都市的中心冒了出來。

位於倫敦東區的「史特拉佛特市」（'Stratford City'）占地一百七十英畝（約當六十九公頃或二十萬八千坪），聲稱在其管轄範圍內的（公共）街道上，有控制一切活動的權力。布里斯托（Bristol）的「加保特環形廣場」（'Cabot Circus'）、萊斯特（Leicester）的「高十字」（'Highcross'）、以及「利物浦一號」（'Liverpool One'，橫跨三十四條街道，擁有者為西敏寺大公的資產管理公司格羅夫納〔Grosvenor〕）等，清一色是私人擁有且私人管理的空間，也都位於一度曾為公有的市區核心。他們保留實施一系列限制或規範的權利，全憑喜好而定：禁止玩四輪滑板、禁止溜直排輪、禁止在特定地點上飲食、禁止乞討、禁止流浪漢、禁止攝影，以及當然還有陣容龐大的私人警衛與閉路攝影機來執行上述規定。

只要稍微沉思一下，就能看出這種寄生式的「社區中的社區」有很多矛盾之處。他們僱用的私人保全公司並沒有以國家之名執行法律的資格，因此遇到重大犯罪時，必須尋求警方的協助。他們聲稱擁有並維護的街道，一開始的丈量、建造、鋪設與照明都是使用公共預算：所以今天私有化的封閉社區裡的市民，仍然受益於昨日的納稅人，這是不公平的。公共的高速公路讓一個封閉社區的成員可以自由地在家裡與工作地點間自由通勤——這些高速公路都是整個社會提供的，而且一直維護至今。其他許多公共服務也是如此（學校、醫院、郵局、消防隊等等）；「封閉市民」跟他們沒有特權的鄰居們一樣，對這些資源享有的權利與期待並沒有比較少。

有人站在他們的立場主張，封閉社區是作為一道壁壘，為了保護其成員的自由不受侵害。他們在這些壁壘之內比較安全，也為這項特權支付了費用；他們有自由跟與自己類似的人住在一起。相應地，他們可以堅持社區內關於裝飾、設計與行為舉止等準則與規範必須反映他們的「價值觀」，而且他們不會把這些強加到壁壘之外的非成員的頭上。然而實際上，這些把日常生活過度「私有化」的行為，事實上切碎與區隔了公共空間，已經威脅到所有人的自由。

趨使人們搬進這類私人空間、跟與自己類似的人聚在一起的動力，作為一種當前的現象，並不只存在於富裕的資產擁有者之間。同樣一股力量也讓學院裡的非裔美國學生或猶太學生組成專屬的住處，找不同的地方吃飯，或甚至選擇以「認同研究」為主修，以便只需關注他們自己就可以。但是在大學裡，跟在社會上一樣，這種自我保護的行為路線不只讓行為者自己無從接觸更大範圍的知識財或公共財，而且還切碎與減損了所有人的生活經驗。

住在私有空間的人，都積極地促成了公共空間的貶值與腐蝕。換句話說，一開始促使他們躲進私人空間的那些因素，現在因為他們的撤退而更為惡化。而且這麼做的同時，他們也付出代價。如果公共財——公共服務、公共空間、公共設施——在民眾的眼裡被貶值了、其重要性被降低了，而取代的是付錢才有的私有服務，那麼我們就喪失了一種認知：共同利益與共同需求應該高於私人偏好與個體的利得。而且，一旦我們不再認為公共的價值高於私有，那麼終有一天我們一定會難以理解，法律——最具代表性的公共財——到底為什麼應該比拳頭更受到尊重。

近些年來，「法律應該總是優先於拳頭」的理念已經被棄而不用了：如果不是這樣，那麼我們應該不會在所有國際法律見解的反對下，那麼輕易就簽署發動一場「預防性」戰爭。誠然，這是個外交政策的問題；在這個領域裡，現實主義常常壓倒對條約的忠誠或對法律的尊重。但是還需要多少時間，我們就會把這類行事原則援用到國內事務上來？

在這個年輕人被鼓勵盡一切可能追求個人利益與個人進展的時代，支持利他主義或甚至善良行為的理由變得晦澀難解。除了回頭尋求宗教權威以外（然而此事本身有時候同樣侵蝕世俗的體制），還有什麼能給年輕一代提供一種對公共目的之理解，讓他們超越自身的短期利益？已故的阿爾伯特．赫緒曼（Albert Hirschman）提到一種致力於為公共利益行動的生活以及其所帶來的「解放經驗」：「人類在生活中會依稀感覺到一種對更高目的與意義的需求，特別是在我們這個時代，當宗教熱忱在許多國家都處在低潮的時代。而公共行動最大的資產，就是能夠滿足這種需求。」[11]

六〇年代也有一些約束性的東西，其中之一就是年輕人廣泛希望進入公家單位或促進公共利益的職業：教育、醫療、新聞、政府、文藝或公法部門。在七〇年代中期以前，很少——真的很少——大學畢業生追求「商管」文憑；申請法學院的人數也遠比今天少得多。學生們已經養成跟人群一起工作或為人群工作的習慣，工具性的自我升遷發展與此構成衝突。

如果我們不尊重公共財；如果我們允許或鼓勵公共空間、資源與服務的私有化；如果我們熱切地支持年輕一代完全只關注自身利益的傾向：那麼當我們看到，公共政策的制定當中市民參與越來越少，就不該感到驚訝。近年來關於所謂的「民主赤字」有許多討論。地區與全國選舉中投票人數持續降低；民意調查中對政治人物與政治制度憤世嫉俗的惡評持續出現——在年輕人之間特別顯著。人們常常覺得，既然「他們」無論如何都會做他們想要的——同時填滿他們自己的荷包，那「我們」為什麼要費力去改變他們行為的結果？那不過是浪費時間而已。

短期來說，民主體制不會因為民眾的冷漠而垮掉。確實，在一個秩序良好的共和體制裡，如果選民受到過度的召喚，向來都被認為即將有麻煩到來。人們普遍認為，政府的工作應該留給那些被選出來做這件事的人就好。不過現在這個鐘擺已經往相反的方向擺盪太遠了。

美國的總統大選與國會選舉的投票人數，已經很長時間都低得令人憂慮，而且還在繼續減少之中。在英國，國會選舉——一度這是市民廣泛參與的良好時機——從一九七〇年代開始，參加投票的人數就持續降低。一個代表性的例子是：柴契爾夫人在第一次勝選裡獲得的票數，比她日後任何選舉都高。她之所以仍然贏得選舉，是因為反對黨的票數掉得甚至更快。另外，首度於一九七九年進行的歐盟國會選舉，則以歐盟公民極低的投票意願聞名。

這為什麼重要呢？因為，如同古希臘人早就知道的，參與決定政府用什麼方式統治你，不只能夠提升一種集體的責任感，而且也讓我們的統治者保持正直，使過度的威權無從發生。戰後西歐的政治穩定度得以不斷成長，一

11 Albert O. Hirschman, *Shifting Involvements: Private Interest and Public Action* (Princeton, NJ: Princeton University Press, 1982), p. 126.

大特色就是人們從意識形態的兩極化撤退出來；但是如果退出政治參與超過了這個健康的程度，就會構成危險的滑坡。這種政治撤退也具有累積性：如果我們覺得被排除在對我們的集體事務的管理之外，就會懶得對這些事務發表意見。這樣一來，當我們發現已經沒有人要聽我們說話時，就不該感到驚訝。

在間接代表的政治制度裡，發生民主赤字的危險總是存在。在小的政治單位裡，直接民主能提升參與的程度（雖然也會有一體服從與多數壓迫的危險）：沒有什麼像在小鎮的大廳或基布茲[12]裡集會那樣更潛在地壓迫反對者與不同的意見。在大且複雜的社會裡，若要讓不同的利益代表彼此平衡，那麼選出一些人來為我們在某個遙遠的政治集會裡發聲，不失為一種合理的辦法。然而除非我們命令我們的民意代表只准說經過我們授權的話（這是激進學生與革命群眾所偏愛的作法），否則我們就不得不容許他們依照自己的判斷來行事。

當今主導西方政治的男女，幾乎無一不是六〇年代的產物（或者副產品，如尼可拉斯・薩科奇的例子）。比爾・柯林頓與希拉蕊・柯林頓、東尼・布萊爾與戈登・布朗都是「戰後嬰兒潮」世代。「自由派」的丹麥首相[13]——安德斯・佛格・拉斯慕森（Anders Fogh Rasmussen）、兩位競爭法國社會黨領導權的耀眼的挑戰者——塞格蓮娜・羅爾（Ségolène Royal）與瑪蒂娜・奧伯利（Martine Aubry），以及可敬但未引起注意的歐盟主席——赫爾曼・馮・隆普埃（Herman Van Rompuy），他們同樣也是嬰兒潮世代。

這一群政治人物共同之處，在於都有滿腔的熱忱，但是在各自的國家裡，都沒能使選民感到振奮。他們似乎並沒有堅信任何原則或政策；而且，雖然他們當中沒有誰像前任美國總統小布希（又一個嬰兒潮世代）那樣受人痛恨（也許布萊爾是個例外），但是跟二戰世代的政治人物比較起來，卻又構成鮮明的對比。他們既沒有流露出堅定的信念，也沒有懾人的威望。

作為福利國家的受益者，又質疑福利國家的制度，他們都是柴契爾的門

12〔譯注〕Kibbutz，以色列的集居區或集體農場。
13〔譯注〕於二〇〇九年卸任，後曾任北約祕書長。

徒：在這些政治人物的督導下，前人的宏大規劃被逆向拆解。他們當中很少人算得上積極背叛了民主選民所交付的信任（再一次，小布希與布萊爾是例外）。但是，我們如今集體對政治與政治人物如此不信任，如果有一個世代的公共人物要為此負責，那麼這幾位堪稱真正的代表。因為深信自己能做的不多，所以他們實際上做的也非常少。或許可以加在他們身上的最好的話，就像我們對嬰兒潮世代常有的評論，那就是他們並不特別支持或倡導什麼東西，他們是輕鬆版的政治人物。

不再信任這些人之後，我們不只對議院代表與國會議員，而是對議院與國會本身也失去信心。在這樣的情境裡，大眾本能的反應不是「把惡棍踢出去」就是放任他們幹最壞的事，這兩種反應都不會有好結果：我們不知道如何把他們踢出去，也無法繼續負擔讓他們放手做壞事的後果。第三個反應——「推翻體制吧！」——並不值得信賴，因為本身並無內容：要推翻哪個體制的哪一塊？推翻後要換什麼體制上來？不管怎麼說，要叫誰去動手推翻？

我們不再有政治運動了。雖然我們可能會有幾千人參加一場集會或示威遊行，但是在這類場合上，我們只是通過單一的共同關切而結合在一起。任何人想要把這種關切轉換成集體目標，通常都會失敗，因為我們這些關切裡充滿了碎片化的個人主義。值得讚美的目標——因應氣候變遷、反戰、推廣全民健保或讓銀行家受罰等等——都只是透過情緒表達來團結的。就像在經濟生活裡一樣，我們在政治生活裡也已經成為消費者：當我們在廣闊範圍裡的許多彼此競爭的目標間做選擇時，我們發現很難想像能有什麼辦法或理由，來把這些目標結合成一個有清楚理路的整體。我們非得想出更好的辦法才行。

「尋找故鄉，
跟居住在我們的祖先曾經生活過的土地上，
並非同一回事。」
——克日什托夫·奇熱夫斯基 Krzysztof Czyzewski

CHAPTER 4
Goodbye to All That?

向一切告別？

當共產主義於一九八九年倒台，西方評論家完全壓不下得意洋洋展現勝利姿態的衝動。他們宣稱，這標誌了歷史的終結。從今以後，這個世界將屬於自由的資本主義，除此外別無選項，而且我們所有人將攜手同心邁向一個由和平、民主與自由市場塑造的未來。二十年後，這個主張看上去已是千瘡百孔。

毫無疑問地，柏林圍牆的倒塌，以及從維也納周邊地區到太平洋海岸的共產主義國家如骨牌般倒下，刻畫了一個非常重要的轉折點：千百萬計的男男女女得以從一個沉悶且失效的意識形態及其威權體制中解放出來。但是沒有人能夠令人信服地主張，那取代共產主義的，是一個如牧歌般恬靜的時代。後共產主義的南斯拉夫陷入了戰亂；蘇聯境內繼起的每一個國家，幾乎沒什麼民主可言。

另一方面，自由市場確實繁榮起來了，然而不清楚是為了誰。西方，特別是歐洲與美國，本來有個百年僅有的機會，來把這個世界的秩序環繞著（經過協議與改良的）國際組織重新塑造起來，然而卻錯失了。相反地，我們只是舒服地坐在沙發裡，恭賀我們自己贏得了冷戰：一種保證會失去和平的行徑。從一九八九到二〇〇九的這二十年，機會都被蝗蟲給吃光耗盡了。

一九八九年以及左派的結束

「關於共產主義最糟糕的，是在它結束後發生的那些事。」

——亞當．米奇尼克 Adam Michnik

跟著共產主義一起崩潰的，不只是幾個壓迫政權與一套政治教條而已。這麼多政權原本與一套革命敘事如此緊密結合，現在一旦消失了，等於為一個有兩百年歷史、徹底變革的承諾敲響了喪鐘。在法國大革命之後（而且在列寧於一九一七年奪取政權後更是如此），馬克思主義左派被根深蒂固地與一項主張連繫起來，即：用社會主義的未來取代資本主義的現在，這不僅是**應該**如此，而且是確定**一定**要實現。用哲學家柏納德．威廉斯（Bernard

Williams）帶著懷疑的話來說，左派根本覺得，他們所追求的目標理所當然地「……正接受全宇宙的歡呼」。[1]

今天我們已經很難找回這種世俗的信仰——用這種絕對確信的氣勢，知識分子與激進政治人物援引不可阻擋的「歷史」法則，以證明他們的政治信念是正確的。一個源頭是十九世紀的實證主義：對於以政治方式運用社會資料的這種新科學充滿信心。一八八四年十月二十四日，年輕的碧翠絲．韋伯在日記裡描述她自己在玩弄事實，讓事實在她的手指間翻滾，同時試著「……想像一個知識的世界在我面前展開，藉之我可以把人類命運的繩結繫綁起來」。[2] 如威廉．貝福利傑日後所說，像韋伯夫婦這樣的人「……讓我們感覺到，只要進行足夠的思考，假以縝密推算的進步，人可以消除世界上所有的邪惡」。[3]

這個誕生於維多利亞時代晚期的信心遭遇太多困難，以致沒能在二十世紀裡存活下來。在一九五〇年代，當列寧跟他的接班人們以歷史之名犯下了滔天罪惡時，許多抱持這種信心的陣營就已經動搖了：根據已故的拉爾夫．

達倫多夫，李查・陶尼[4]是「……最後一個我聽過談起進步時不會明顯感到尷尬的人」。[5]

儘管如此，至少直到一九八九年，一個人原則上還是有可能相信歷史朝某些可被確定的方向發展，以及（好壞暫且不論）共產主義代表此類路線的最高實現。雖然本質上這是一個宗教性的觀念，但是這個事實並未妨礙各個世代的世俗進步人士為之深受吸引。甚至在一九五六年與一九六八年幻覺破滅之後，[6]仍有許多人不改政治忠誠，堅持要站在未來的「正確」一方，不論當前多麼令人憂慮。

1 Bernard Williams, *Philosophy as a Humanistic Discipline* (Princeton, NJ: Princeton University Press, 2006), p. 144.
2 Beatrice Webb, *My Apprenticeship* (London: Longman, Green and Co., 1926), p. 137.
3 José Harris, *William Beveridge: A Biography* (Oxford: The Clarendon Press, 1977), p. 119.
4 Richard Tawney，英國社會史學者，死於一九六二年。
5 Ralf Dahrendorf，前引著作 p. 124.
6 〔譯注〕指一九五六年蘇聯軍事鎮壓匈牙利，以及一九六八年蘇聯軍事入侵捷克。

這個幻覺特別重要的一個特徵，是馬克思主義經久不衰的吸引力。在馬克思的預告已經失去一切現實意義之後很久，許多社會民主黨人以及共產黨人還是繼續堅持（即便只是表面形式）對祖師爺的忠誠不改。這種忠貞給主流的政治左派提供了一套語彙，以及一整組可作為退路的最高教義原則；但是這種忠貞也使同一群左派在面對真實世界的難題時，無法作出切實的政治反應。

在三〇年代經濟大蕭條的最低潮時，許多自封的馬克思主義者拒絕就危機提出解決方案或進行辯論。跟老派的銀行家與新古典經濟學者一樣，他們相信資本主義有其法則，這些法則無法轉彎或打破，所以干預資本主義的運行毫無意義。這種絕不屈從的獻身態度讓許多社會主義者，不管在當時或往後，在面對道德挑戰時毫無同情之意。他們聲稱，政治不是關於權利或正義，而是關於階級、剝削以及生產形式。

於是，社會主義者以及社會民主黨人一直到最後，都被禁錮在十九世紀社會主義思想的核心預設裡。這套殘餘的信仰體系提供了一座堅實的背牆，任何自命為社會民主派的人都可以把他們的政策靠在這座牆上，並因此把自己跟甚至最改革導向的自由派或基督民主黨人區隔開來。（這套殘餘的信仰體系跟真正的意識形態之間的關係，差不多就是英國聖公會的低教會派[7]與最完整的正統天主教之間的關係那樣。）

這就是為什麼共產主義的垮台如此關係重大。隨著共產主義的崩潰，那些把左派緊緊綁縛起來超過一世紀之久的教條繩索整個被解開了。無論莫斯科版的共產主義多麼變態，其驟然與完全的消失，不能不對任何自稱「社會民主」的黨派或運動造成破壞性的衝擊。

這是左翼政治特有的問題。就算世界上所有保守與反動的政權明天都突然崩潰，而且他們的公共形象都因為腐敗與無能而無可救藥地沾污與褪色，保守主義的政治路線仍然可以不受影響地繼續存在。「保存固有」仍會是可行的主張，跟過去一直以來一樣。但是對左派來說，一套在歷史中支撐起來

7〔譯注〕low-church，聖公會中持新教觀點，不重視儀式、聖禮與神職權威的一個教派。

的敘事一旦消失，就會留下一片空虛。剩下的只是政治：利益的政治、妒恨的政治、拚連任的政治。失去了理想主義，政治被縮減為某種社會流水帳，一種對人與事物日復一日的管理。在這樣的處境中，保守派還是可以過得不差；但是對左派來說，就是一場災難。

歐洲的民主左派從一開始，就視自己為比革命的社會主義更合理的選項，並且認為自己是比革命社會主義和共產主義的後繼者（後來的年代裡）更好的選擇。因此，社會民主派天生是精神分裂的。一方面信心十足地大步邁向一個更美好的未來，另一方面卻一直不安地看著左邊與他並肩的人。那好像在說：*我們*不是威權主義。*我們*提倡自由，而非壓迫。*我們*是同時相信平等、社會正義與市場規範的民主派。

只要社會民主黨人主要目標在於讓選民相信，他們是自由政體下一個值得重視的激進路線選擇，那麼這種防禦性的姿態仍是可以理解的。但是今天這樣的修辭已經矛盾百出了。一位像安琪拉・梅克爾（Angela Merkel）這樣的基督民主黨人能夠擊敗社會民主黨的對手贏得德國大選。[8]並不是偶然，即使金融危機於此時達到最高點；而且她所提出的一系列政策，在核心的要點上都與社民黨的對手相去不遠。

社會民主主義，不論是哪種形式，是當今歐洲政治的共通語言。很少有歐洲政治人物（身居要職的甚至更少）會反對社會民主主義關於國家職責的核心主張，不論他們對職責範圍的看法有多大的差異。結果是，今天歐洲的社會民主黨人拿不出有鑑別度的主張，比如在法國，他們支持國有政策的立場，甚至與戴高樂主義右派的考伯特式的[9]本能反應難以區隔。今天這個問題不是出在社會民主黨的政策上，而是在他們枯竭耗盡的語言裡。既然左派已經不再面對威權的挑戰，強調「民主」很大程度變得多餘。今天我們所有人都是民主派了。

8〔譯注〕二〇〇九年九月二十七日。

9〔譯注〕指簡－巴蒂斯特．考伯特（Jean-Baptiste Colbert），十七世紀時法王路易十四的主要大臣，他的稅制改革與促進工商的政策成效卓著。

後共產時代的反諷

「我們什麼都辦到了，但是對我來說，結果是，我們所達成的一切都在諷刺我們做過的夢想。」

——克里斯多夫・奇士勞斯基 KRZYSZTOF KIEŚLOWSKI

但是，如果我們全都是「民主派」，那麼現在區別我們的是什麼？我們支持什麼價值？我們知道我們不想要的是什麼：從過去一世紀的痛苦經驗裡，我們已經學到，有些事情是政府絕對不該做的。我們曾經走過一個充斥著教條的時代：教條以令人心驚膽跳的自信宣告著，我們的統治者應該如何行事，並且提醒人們（如有必要就強力灌輸）當權者知道什麼對他們才是好的。我們不能回到那樣的時代。

從另一方面來說，儘管有所謂的一九八九年的「教訓」，我們知道政府並非完全是壞事。只有一件事比太多政府更壞，那就是太少政府。在失能的國家裡，人們遭受的暴力與不正義至少會跟在極權統治下一樣多，此外再加上他們的火車不準時。再者，如果我們多花一點時間思考這個問題，就可以見到，二十世紀「社會主義對抗自由體制」或「共產主義對抗資本主義」這樣的道德故事是有誤導意味的。資本主義並不是政治體系，而是一種經濟生活的形式；資本主義在實踐上可以跟右翼的獨裁體制（皮諾契統治下的智利）、左翼的獨裁體制（當前的中國）、社會民主主義的君主憲政（瑞典）以及富人統治的共和政體（美國）通通相容。資本主義經濟是否在自由的政體下才最能繁榮發展？這答案或許比我們想像中還要不確定。

反過來說，共產主義雖然無疑與真正的自由市場互相敵對，但顯然能夠配合相當多樣的經濟規劃（儘管會降低每一種規劃的效率）。因此，當時我們認為：共產主義的垮台，會讓那些支持計劃經濟與中央控管的過度自信的斷言銷聲匿跡——這是正確的，但是我們並不清楚應該得出哪些其他的結論。而且如果說共產主義的失敗讓政府提供的一切服務或經濟計劃都不再可信，那這樣的推論是根本不能成立的。

在一九八九年之後的那段時間裡，我們真正面對的問題並不是該如何看待共產主義。那個總體社會組織的理想圖像——也就是推動了從希德尼·韋伯到列寧、從羅伯斯比到柯比意的種種烏托邦的幻想——已經倒在瓦礫裡了。但是該如何為了共同的福祉而組織我們自己，這個問題還是跟任何時候一樣重要。我們真正的挑戰，是把這個問題從瓦礫中重新找回來。

任何人如果在後共產時代的東歐旅行或住過一段時間，就會知道，從壓迫的平頭主義轉換到毫無節制的貪婪，這種轉型並不令人嚮往。「政治自由的意義就在賺錢」，今天在這個區域會熱切認同這個觀點的人一點都不難找。捷克共和國總統瓦沁拉夫·克勞斯（Václav Klaus）就是持這個看法，而且他不是唯一一個。

但是一小撮貪婪的企業家從一個專制政權的倒塌中大發其財——這個光景看在我們眼裡，為什麼應該比看到專制政權本身更讓我們覺得愉快呢？兩者都顯示，在社會中有某種東西出了嚴重的差錯。自由就是自由，但如果自由導致不平等、貧困與尖酸冷漠，那麼我們就應該把問題明白說出來，而不是以自由戰勝壓迫之名，把自由的缺失掃到地毯底下。

到二十世紀即將結束時，社會民主主義在歐洲已經實現了許多長久追求的政策目標，但也很大程度忘記或放棄了最初的根本理念。從斯堪地那維亞到加拿大，政治左派及其所開創的制度都是奠基在勞動者與農夫、藍領與中產階級「跨階級」的同盟之上的。由於中產階級背棄了同盟，這才構成了福利國家及其催生政黨所面臨的最大挑戰。在歐洲大多數地區與北美，儘管身為福利立法最主要的受益者，這些被指稱為「中產」的選民當中有越來越高的比例，逐漸對於必須扛起賦稅的重擔以維持平等主義的制度感到懷疑與憎恨。

在七〇年代裡逐漸升高的失業率，增加了公共支出的壓力，也降低了財政的收入。此外，那些年的通貨膨脹加重了未失業者的賦稅與保險負擔（即便也許只在名目上）。既然這群仍然保有工作的人擁有不成比例的更好的技術與教育，他們就開始憎恨這種制度。一度被無保留接受的相互協議，這時被描述為「不公平」，福利國家所施予的福祉變成「過度的」了。

一九四〇年代絕大多數的體力勞動者都不用繳稅，因此是新的社會福利的淨接受者，到了一九七〇年代（再度由於通膨以及薪資成長），這群人當中許多都進入了中產階級的賦稅組別。再者，隨著時間的流逝，他們退休了，因此開始領取年金與其他年齡相關的公共福利（免費公車票、受公共補助的劇院與演奏廳優待票）。這些福利現在是由他們的子女支付，而這些子女對經濟大蕭條與戰爭沒有親身的記憶，也因此對這些福利誕生的背景並不熟悉。他們只是痛恨這些福利太花錢。

從一個悲觀的角度看來，社會民主主義的「美好時光」沒能比創建它的世代更長命。隨著這些受益者的老去與記憶的消逝，昂貴的**照顧之國**（état provi-dentiaux）的吸引力也跟著衰退了。這個過程在八〇與九〇年代裡不斷加速，因為這個時期的新自由主義政府對普遍福利作選擇性的審定。他們偷偷重新引進了經濟狀況調查，其用心在於讓中產階級對社會福利失去胃口，因為社福此時被視為只適合最窮的人。

社會民主主義與福利國家**真的是**負擔不起的昂貴嗎？許多歐洲國家公部門受僱者現在享受著幾近全薪的提早退休，而私部門的納稅人為此負擔了可觀的費用（並為此感到不滿），這種顯然荒謬的公共福利已經遭到許多人的抨擊。一個廣為人知的例子跟法國的火車司機有關：他們可以在五十多歲退休，領取慷慨而且隨通膨調整的年金。批評者問，有哪一種有效率的經濟不會被這種負擔壓垮？

當（由共產黨主宰的）鐵路工會在二戰結束後不久協商這些退休金協議時，那些鐵路人是種非常不同的勞工。他們通常在十三歲時直接從學校入伍當兵，在超過四十年的時間裡都做著危險的工作（操作蒸氣發動機）。在五十幾歲退休的時候，他們的身體已經耗竭了，通常一身是病，剩下的預期壽命很少超過十年。慷慨的退休金是他們最少可以做的合理要求，而對國家造成的負擔可以輕易被容忍。

今天法國高鐵的司機舒適地坐在一個溫暖（或有空調）的駕駛艙裡度過每一個工作天；他們的工作最接近體力勞動者的地方，是當他們打開一連串電子開關來啟動他們的機器。讓這些人也在五十餘歲退休就顯得荒謬，而且成本一定非常昂貴。由於法國福利國家提供的醫療照顧以及其他服務，這些人可以合理地預期自己活到八十幾歲。無論是公共財政或國家鐵路局的每年預算都為此承受了重大的負擔。

然而答案並不是廢除慷慨的退休金協議、醫療服務以及其他福利財。政治人物需要找到勇氣，來堅持（在法國的例子上）把退休年齡提高一大截，並且對他們的選民說明這樣才是對的。但是這種改革並不受歡迎，而且今天的政治人物幾乎以任何代價避免討人厭。在非常大的程度上，福利國家的困境與缺失，都是政治上的怯懦，而非經濟上的邏輯錯誤造成的。

儘管如此，社會民主主義面臨的問題是真實的。失去了意識形態的敘事，而且遭到自況為鐵桿選民的背棄，社民主義在一九八九年歡慶的幻覺破滅之後已經變成像孤兒一樣的存在。而且很少人能否認，福利主義帶有一點「叫你做什麼你就做什麼！」的味道。在戰後的斯堪地那維亞曾經有段時間對優生政策與社會效率極其熱衷，顯示了他們不只對新近的歷史一定程度上麻木無感，而且也漠視人類對自律與獨立的天生渴望。

再者，如萊謝克．科拉科夫斯基（Leszek Kolakowski）曾經注意到的，福利國家必然包含保護弱小的多數，使他們免於受到強大且有特權的少數的侵害。聽起來雖然合理，但是這個原則隱然是不民主的，而且可能導致威權主義。然而社會民主主義從來不曾墮落成專制統治。為什麼？是民主體制讓政治人物保持正直嗎？更可能的是，政治人物在運用保護型國家的邏輯時刻意前後不一致，這才讓民主的形式得以保存。

不幸的是，務實主義並不總是最好的政策。二十世紀中期社會民主主義最大的資產——願意以平衡、寬容、公平與自由之名，就自己的核心信念做出妥協——現在看起來更像是弱點：在面對局勢改變時就喪失勇氣。在做過這些妥協之後，我們很難再回頭想起一開始形塑了進步思想的那些特質：那是二十世紀早期的工團主義者[10]愛德瓦特．貝爾特（Edouard Berth）所稱的「精神的反叛……以對抗一個用醜惡的道德與形上的物質主義來威脅人類的世界」。

10〔譯注〕工團主義運動（syndicalism），主張通過大罷工與破壞行為，來把工業與政府置於工會聯盟的控制之下的激進勞工運動。

我們學到了什麼？

「除非思想方式的根本結構發生了重大的改變，否則人類命運的任何重大改善都是不可能的。」

——約翰．史都華特．彌爾

那麼，我們應該從一九八九年學到什麼呢？或許最重要的是，學到沒有什麼東西是必然如此或不可避免的。共產主義不必然要發生，也沒有理由永遠存在；但是我們同樣沒有任何根據可以確信共產主義一定會倒台。進步人士必須接受與理解，政治沒有什麼是不可能的：無論是福利國家的興起，或其隨後的光環盡失，都不應該被當成歷史的賜予。社會民主主義的「美好時刻」——或者美國從新政到大社會等相應政策——都是非常特殊的條件組合下的產物，而這些條件不太可能重新出現。同樣適用這個說法的是新自由主義從一九七〇年代開始的「美好時刻」；現在他們也已經日薄西山了。

但是正因為歷史不是事先注定的，所以凡人如我們必須在一路前進的時候創造歷史，而且是在不完全由我們自己創造的條件下努力——如老馬克思所正確指出的。我們將必須再度提出那些永恆的問題，但是必須對不同的答案保持開放。我們需要竭盡可能地弄清楚，過去的哪些面向是我們希望保留的，以及什麼條件使那些東西成為可能。哪些條件是獨一無二的？而哪些條件是我們靠著足夠的意志與努力便能夠重新創造的？

如果一九八九年的意義是重新發現自由，那麼我們今天願意為這自由加上哪些限制？即便在最「熱愛自由」的社會裡，自由都是有其限制的。但是如果我們接受某些限制（而且我們總是這麼做）那麼其他的限制為什麼不行？為什麼我們如此確定一定程度的計劃經濟，或累進稅制，或公共財的集體擁有，都是對自由不可忍受的框限？然後閉路攝影機，或國家對「大到不能倒」的投資銀行進行紓困，或電話監聽，或昂貴的海外戰爭，對一群自由的人民來說又都是可以接受的負擔？

這些問題也許有很好的答案；但是如果我們不提問，要怎麼知道答案是什麼呢？我們需要重新找到恰當的方式來談論改變：如何為我們自己想像非常不同的經濟安排，同時不落入危險的「革命」套語。我們必須比某些前人更清楚地區分可欲的目標與不可接受的手段。最最起碼，我們應該在這個問題上考慮一下凱因斯的警告：「我們想要推廣的政府如果僅僅是比原先的政府好，那是不夠的；新政府必須要好到足以彌補轉型過程必然有的痛苦。」[11]

但是在認可與消化了所有這些考量之後，我們必須往前看：我們要的是什麼，以及我們為什麼要那些東西？如目前左派蕭條破敗的狀況所顯示的，這些答案並不是自明的。但是我們有什麼其他選擇？我們幾乎不能把過去拋在腦後，而只是用手指畫十字禱告：我們從經驗裡知道，跟自然一樣，政治也憎惡真空狀態。在浪費了二十年之後，現在是重新開始的時候了。但是該做些什麼呢？

11 John Maynard Keynes, *Two Memoirs—Dr. Melchior, a Defeated Enemy and My Early Beliefs* (New York: A. M. Kelly, 1949), p. 156.

「我相信，在明智的管理下，
資本主義大概可以比我們視野內還看得見的
任何其他替代體系都能更有效率地達成經濟目標。
但是這個看法本身在許多方面上都是極端爭議的。
我們的問題在於，要努力找出
一種儘可能有效率的社會組織，
同時不至於侵犯到我們對於滿意生活方式的想像。」
——約翰・梅納德・凱因斯

CHAPTER 5
What Is to Be Done?

怎麼辦？

那些主張問題出在「系統」（the system）上，或那些在每個政治失策的背後都看到神祕操弄的人，都沒有我們可以學習的地方。但是表示不同意、拒絕以及異議——不論如果推到極端會讓人多麼惱怒——這種基本意向卻是任何開放社會的生命之血。我們需要反對主流意見的人民。一個總是有共識的民主不會停留在民主裡太久。

為什麼需要異議

「儘管物質與技術的資源巨幅增加了，十九世紀的人們並不建造夢幻城市，而是蓋了『貧民窟』……因為後者依照私人企業的檢驗標準『很划算』；相對地，在他們的想法裡，蓋一座夢幻城市會是一種愚蠢的浪費，也就是，用金融名流的白痴術語來說，會『抵押了未來』……。同一種自我毀滅的金融計算法則統治了每一個行業。我們摧毀鄉村的美景，因為沒有被占用的自然之美沒有經濟價值。我們還能關掉太陽

5 怎麼辦？ What Is to Be Done?

與星星，因為他們並不向我們支付紅利。」

——約翰·梅納德·凱因斯

跟隨多數有其吸引力。如果每個人看起來都跟其他人意見一致，而異議者總是被妥協的慣例軟化，那麼群體生活就容易得多。而且，一個社會或群體，如果妥協的慣例不存在或被破壞，也不會過得太好；然而，意見一致是有代價的。一個圈子如果意見或理念封閉，不滿或抗議從來不被允許或只在劃定的風格與程度內被允許，在面對新的挑戰時，就無法以充滿活力或想像力的方式做出回應。

美國是一個建立在許多小社群之上的國家。任何人只要在這些小社群裡住過一段時間，不論多久，都能作證，他們總是本能地強制規範社群成員的公共行為要有一致性。在美國，這種基本傾向一部分受到早期拓荒者個人主義特質的反制，而憲法也規範了對少數與個別異議者的保護。但是如同托克維爾與其他人所指出的，平衡點早已倒向一致性這一邊。個人仍然可以自由地說出他們想說的；但是如果他們的意見與多數發生衝突，就會發現自己被團體拋棄。最最起碼，他們話語的效應都會被掩蓋。

英國以前是不一樣的。這個傳統王國由一群世襲菁英統治；這些菁英向來允許而且甚至接納異議者，也宣傳自己寬容的形象，並藉此保住手上的權力。但是這個國家的菁英主義衰退了，變得更平民主義；公眾生活中抱持異見的一小群人遭到不斷的制止——如托克維爾已經預言的。今天在英國，關於從政治正確到稅率的所有事情上，對大眾普遍接受的意見作全面反對的人，幾乎跟在美國一樣不尋常了。

不服從有很多來源。在宗教社會裡，特別是有傳統信仰的群體（天主教、聖公教、伊斯蘭、猶太教），最有影響力也最堅忍不退的異議傳統是根植於神學的見解差異之上的。英國工黨於一九〇六年由許多組織與運動結合而成，並非出於偶然，因為那些組織與運動都極力號召反對聖公會的群體。階級區隔也是孕育異議情緒的沃土。在階級區隔的社會裡（有時候也在由種姓組織的社會中），那些在最底層的人有強烈的動機為他們的處境，以及對使這些處境長久無法改變的社會秩序提出抗議。

在更晚近的幾十年中，異議表達已經與知識分子緊密地連繫在一起：這群人起初被等同於十九世紀晚期對國家濫用權力的抗議，在我們的時代則以反對主流輿論的形象更為人所知。悲哀的是，當代知識分子對於需要掌握精確細節與本質的公共政策展現的興趣明顯太小，而是寧願在似乎更容易做出抉擇的倫理議題上介入或做出抗議。這使得關於我們該如何治理我們自己的辯論被留給政策專家與「智庫」，但是在這些圈子裡，反傳統的意見很少有立足之地，而大眾則很大程度被排除在外。

問題不是出在我們同意或不同意任何一項特定的法案，問題出在我們辯論共有利益的方式。舉一個（因為熟悉而）明顯的例子。在美國，關於公共開支（或者關於讓政府扮演積極的角色是否帶來利益或相反）的任何對話很快就會觸犯兩條除外條款（exclusion clauses）：第一條規定，我們全都支持把賦稅降到最少，而且在任何可能的地方都「讓政府退出我們的事務」。第二條——實際上是第一條的煽動版——主張，我們當中沒有誰願意看到「社會主義」取代我們運作良好且早已確立的治理與生活方式。

歐洲人天真地認為自己不像美國人那樣遵奉既有慣例。他們嘲笑如此多的美國公民遁入宗教的圍欄，放棄心靈的獨立性而接受集體語言。他們也指出加州地方公投的錯亂後果：預算充足的公民表決提案（ballot initiatives）摧毀了世界第七大經濟體的課稅基礎。

但是瑞士最近的一個公民投票禁止了伊斯蘭宣禮塔（minaret）的建造，儘管瑞士全國不過只有四個這種塔，而且幾乎每一個定居在瑞士的穆斯林都是支持政教分離的波士尼亞難民。[1]而英國也柔順地接受了從閉路監視器到強力且侵犯性的維安措施，使自己成為現在世界上最「過度蒐集資訊」也最威權的民主國家。雖然今天的歐洲在許多面向上比起當前的美國是個更好的地方，但也遠遠不是完美的。

就連知識分子也彎下了膝蓋。伊拉克戰爭時，壓倒性多數的英國與美國公共評論家放棄了一切獨立思想的假面具，而跟政府站在同一陣線。對軍方與當權者的批判——這種事在戰爭期間總是特別困難——被擠到邊緣上，而且被當成某種與叛國差不多的行為。歐陸的知識分子有較大的自由來反對這種倉促的進擊，然而他們自己的領袖意向模稜兩可，而且他們的社會意見分歧。堅持不同的觀點並且努力向惱怒的讀者或不支持的聽者表達，需要有道德勇氣，然而這種道德勇氣在任何地方都是短缺的。

但是至少戰爭（跟種族主義一樣）提供了明白的道德抉擇。即便在今天，大多數人都知道他們對軍事行動或種族偏見應該抱持什麼態度。但是在經濟政策的舞台上，民主國家的公民太謙虛了。我們已經被告誡，這些是專家的事情，經濟跟經濟政策的後果遠遠超出一般人的理解範圍——這門學科越來越晦澀與數學化的語言增強了這種觀點。

不會有太多「外行人」有可能在這些問題上挑戰英國或美國的財政大臣或他們的專家顧問。如果他們這麼做，就會被告知這些是他們不需要操心的

1〔譯注〕二〇〇九年十一月投票，瑞士公民以百分之五十七點五的贊成率通過憲法修正案，禁止建造新的宣禮塔，既有的四個不受影響。瑞士二十六個州裡只有四個州否決了這個表決案。宣禮塔通常附著在清真寺上。

問題。就像中世紀的教士可能會勸告他的牧民那樣，禮拜儀式的聖歌一定要用一種晦澀難懂的語言來唱，只有圈內人才知道在唱什麼。至於其他人，只要信仰就夠了。

然而光是信仰一直是**不夠**的。在英國與美國，經濟政策的國王們都沒有穿衣服，更不用說他們的侍從以及世界各地從愛沙尼亞首都塔林（Tallinn）到喬治亞共和國首都第比利斯（Tbilisi）的崇拜者。然而，既然大多數觀察家長期以來都認同國王們穿衣服的偏好，也就不適合提出反對。我們需要重新學習該怎麼批評那些統治我們的人。但是為了能以可信的方式這麼做，我們必須把自己從遵循慣例的圈子裡解放出來——是的，我們跟他們一樣也陷在那個圈子裡。

解放是一種意志的行動。除非我們對眼前的處境感到足夠的憤怒，否則我們不可能指望重新建立我們破敗不堪的公共對話，更不用說我們正在崩解中的實體基礎建設。沒有一個民主國家應該被允許在故意撒謊的基礎上進行非法戰爭，而且還不受懲罰。布希政府對二〇〇五年卡崔娜颶風不合格的應變幾近可恥，但是輿論卻一片沉默。這說明了人們對於政府責任與職能懷抱一種令人沮喪的犬儒心態：我們期待華盛頓表現不佳。美國聯邦最高法院新近裁定，允許法人社團對選舉候選人做無上限的支出，以及英國國會裡的「競選經費」醜聞，都顯示了在今天的政治裡，金錢扮演的角色已經失控。

在二〇一〇年一月公佈的一份關於英國經濟不平等的報告證實，貧富差距已達到令人憤慨的程度；首相戈登·布朗在回應時，稱這篇報告「發人深省」，並承認「還需要更多努力」，儘管推行如此多政策使貧富差距更為惡化的，就是他自己領導的政黨。[2]這讓人想到《北非諜影》（*Casablanca*）裡雷諾警長說的那句：「我很震驚，很震驚！」[3]

2〔譯注〕《一份關於英國經濟不平等的剖析》（*An Anatomy of Economic Inequality in the UK*），由英國經濟平等委員會撰寫，厚達四百七十六頁，指出英國前百分之十富人擁有的資產為末百分之十窮人資產的一百倍。

3〔譯注〕片中雷諾警長對店主說：「我很震驚！很震驚！這裡竟然有賭博！」並宣佈查封咖啡店。隨即一位領班給警長遞上一疊鈔票，說，「先生，這是您贏的錢。」警長隨手收下，臉色不改，馬上率部下離開。

另一方面，歐巴馬總統的人氣急轉直下（很大程度歸因於他推動健保改革時的拙劣管理），進一步加深了新一代年輕人的不滿。如果只是對那些當前負責治理我們的人的無能（或其他更糟糕的地方）感到厭惡與質疑，因而躲進自己的圈子裡，那麼這個選擇一點也不困難。然而如果我們把進行徹底政治革新的挑戰完全託付給現有的政治階層——也就是交給布萊爾們、布朗們與薩科奇們、柯林頓們與小布希們，還有（我恐怕）歐巴馬們——那麼我們只會失望得更厲害。

異議者絕大多數都是年輕人。發動法國大革命的男性與女性，跟籌畫新政與戰後歐洲的改革者們一樣，都比他們針對的對象年輕，這並非偶然。年輕人容易正視問題並要求解決問題，而不輕易聽任與順從。

但是他們也比年長的人更容易走入政治虛無主義（apoliticism）：意思是，既然政治在我們的時代如此墮落，我們應該不再信任政治。歷史上確實曾有過一些時候，「不再信任政治」正好是**正確的**政治選擇。在東歐的共產政權最後數十年裡，「反抗政治」、「彷彿的政治」以及動員「無權力者的權力」

等都各有其進行的時機與場合。[4]這是因為在極權統治下，官方的政治只是將赤裸裸的權力合理化的一個門面：忽略官方政治，本身就是一個徹底破壞性的政治動作。這會強迫政權面對其底線——不然就得暴露其暴力的核心。

然而，極權統治下如英雄般的異議者是特殊的例子，我們不能由此一概而論。事實上，七〇年代「反抗政治」的例子，連同其對人權的強調，或許也誤導了整個世代的年輕運動者，使他們以為傳統的改革途徑已經無可救藥地被堵死了，所以應該摒棄政治組織，改採單一議題與非政府的團體，以便不受任何妥協的污染。結果是，當年輕人想到要「做點什麼」時，第一個念

4 〔譯注〕「反抗政治」（anti-politics）指反對與唾棄現有的政治制度與秩序；「彷彿的政治」（politics of "as if"）指忽略與漠視當前的政治制度，而以彷彿另一個較理想的政治秩序才是現實的態度推行運動與行動。「無權力者的權力」（the Power of Powerless）是捷克作家與民權運動者哈維爾（後來成為捷克總統）於一九七八年撰寫的一篇影響深遠的談異議、自由與權力的文章。無權力者是指在極權架構下被排除在政治秩序之外的異議者，這篇文章鼓舞異議者團結起來展現力量。英譯主要見 *The Power of the Powerless: Citizens Against the State in Central-Eastern Europe*, edited by John Keane, with an Introduction by Steven Lukes（London: Hutchinson, 1985）.

頭就是加入國際特赦組織、綠色和平、人權觀察組織或無國界醫生。

這種道德驅力是無可責備的。但是共和政體與民主政治若要存在，只能透過體制內的公民去參與其公共事務的管理。如果活躍或憂心的公民放棄政治，就等於把他們的社會丟給最平庸與最腐敗的公僕。英國的下議院今天是一幅悲哀的景象：有如一個坐滿了酬庸者、唯命是從者以及專業陣營追隨者的會客大廳——至少跟一八三二年時一樣糟糕，當下議院最後一次被強力整頓、占著閒差的「代表」被踢出去的時候。美國參議院，一度作為共和憲政體制的堡壘，現在也已經傾頹了，成為愛誇炫且功能不彰的拙劣地方。法國的國民議會甚至不想擔任制衡總統的角色，而是讓總統高興忽視就忽視。

在這個憲政自由主義漫長的世紀裡，從格萊斯頓到詹森，西方民主國家都是由顯著更為優越的政治家來領導的。不論他們政治觀點是否相似，萊昂・布魯姆（Léon Blum）、溫斯頓・邱吉爾、路易吉・伊諾第（Luigi Einaudi）、威利・布蘭特（Willy Brandt）、大衛・勞合・喬治、與法蘭克林・羅斯福等都代表著另種不同層次的政治家，這些政治家對於所肩負的道德與社會責任有深切的體會。究竟是環境與局勢創造了這些政治人物，或是時代的文化讓這種素質與才幹的人走進政治，我們容許不同的看法。但是在今天，這兩個方面都沒有發揮作用。從政治來說，我們的時代是個侏儒時代。

然而我們擁有的就是這些。議院選舉、國會選舉以及選出國民議會成員等，仍然是我們把公眾意見在法律下轉換成集體行動的唯一手段。所以年輕人一定不能放棄對我們政治制度的信心。當一九六〇年代西德年輕的激進青年喪失對聯邦共和國以及聯邦議會（Bundestag）的一切尊重時，他們組成了「議會外行動小組」，也就是後來迷失方向的巴德爾和邁因霍夫恐怖團體（Baader-Meinhoff Gang）的先行者。

異議者必須留在法律的範圍內，並通過政治管道尋求目標的達成。但是這並非消極被動或妥協讓步的理由。共和體制的聲譽已經敗壞了，特別是因為金錢。更糟的是，政治語言的實質與意義也被挖空了。大多數美國成年人並不滿意政府統治他們與做出決策的方式，更不滿意由特殊利益團體施加的不當影響力。在英國，民意調查顯示，民眾對政治人物、政黨機器以及他們所推動的政策，從來沒有像現在這樣幻滅與失望。我們如果忽略這些觀感與情緒，那就太不智了。

民主政治的失敗跨越了國家的界線。二〇〇九年十二月哥本哈根氣候會議令人難堪地失敗，在年輕人之間已經轉化成冷漠與絕望：如果我們不嚴肅地看待全球暖化的效應，未來會如何呢？美國健保改革的嚴重挫敗[5]與金融危機已經強化了選民間彌漫的無助之感，甚至經濟穩固者也無法倖免。我們直覺感到有災難即將來臨，我們必須採取行動。

重新打造公共對話

「如果對風與海流欠缺知識，如果對航行的目的沒有些許了解，而是僅僅靠把水舀出船外，那麼人類與社會還浮在水上的時間不會太久，無論是道德上或經濟上。」

——李查・提慕斯 Richard Titmuss

5 怎麼辦？ What Is to Be Done?

大多數批評我們當前狀況的人，都是從體制開始談起。他們審視國會、議院、總統、選舉以及遊說活動，並且指出，這些人與制度以何種方式墮落了，或濫用了民眾賦予他們的信任與公權力。他們的結論是，任何改革，也必須從體制開始。我們需要新的法律，不同的選舉制度，對遊說活動與政治獻金的限制；我們需要給行政部門更多（或更少）公權力，而且我們需要找出辦法，讓被選出的與被委任的官員對他們的選民與付他們薪水的人（也就是對我們）更敏於回應也更負責任。

這些都沒有錯。但是關於這類改革的風聲幾十年來從來沒停過。現在我們應該清楚了，這類改革之所以沒有發生，或沒發生作用，是因為想像、設計與執行這些改革的人，正是應該為這些困境負責的同一批人。要求美國參

5〔譯注〕本書出版於二〇一〇年三月十八日；美國健保改革於同月有了重要突破：歐巴馬總統於三月二十三日簽署了患者保護與平價醫療法案（Patient Protection and Affordable Care Act），以及在同月三十日簽署了醫療保健與教育協調法案（Health Care and Education Reconciliation Act）；前者要求所有美國公民都必須購買醫療保險，否則需要繳納罰款；後者是對前者的修正與補充法案。

議院改革其遊說規範並沒有太大意義，如俄普頓．辛克萊（Upton Sinclair）一個世紀以前所說的名言：「如果一個人的薪水取決於他對某事的不了解，那麼要他了解這件事是非常困難的。」由於差不多相同的原因，大多數歐洲國家的國會——民眾對他們的觀感從無聊到鄙視不一而足——也不適合從自己身上找出辦法，來與民意接軌。

我們需要從其他地方開始。為什麼在過去三十年裡，那些掌握權位的人總是這麼容易讓他們的選民深信，那些他們想推行的政策是明智的，而且是必要的？因為一直沒有人能端出理路清楚的替代方案。就算當主要政黨彼此有顯著的政策差異，那也都是單一目標的不同版本而已。「我們要的全都是同一件事，只是作法稍微有點差別而已」，這樣的說法已經是老生常談。

但這根本是錯誤的。有錢人要的東西跟窮人並不相同。那些靠工作才能維持生計的人，要的東西跟那些靠投資與紅利生活的人也不一樣。那些並不需要公共服務的人（因為他們可以購買私人交通工具、私人教育、私人保全）跟那些完全仰賴公部門的人並不追求相同的事情。那些從戰爭中得利的人

（無論是軍需供應商或基於意識形態的原因）目標也異於那些反對戰爭的人。

社會都是複雜的，包含了互相衝突的利益。如果往相反的方向主張，比如否認人有階級、貧富或影響力的區別，那只不過是促進其中一組利益（並將其他利益置於其下）的一種手法。這個承認階級利益衝突的命題曾經是不言而喻的；但是今天的環境鼓勵我們把這道命題看成鼓吹階級仇恨的導火線。以類似的方式，我們也被鼓勵追求個人的經濟利益，直到排除所有其他人利益的程度，而且事實上，有許多人很可能由此得到好處。

然而，市場有一種自然的特性，會特別偏愛能夠化約為商業計算或經濟數量的需求與供給。如果你能賣或買一種商品，那麼這項商品就是可量化的，我們便可以估算它對集體福祉的（量化的）總值有多少貢獻。但是，那些我們人類總是重視、但卻無法量化的資財該怎麼辦？

健康快樂怎麼算？公平或平等（以其原本的意義來解釋）怎麼算？排斥、機會（或沒有機會）或失去希望怎麼算？這類考量對大多數人來說，遠比社會總和（或甚至個人的）的利益或成長更為重要。拿侮辱來說，如果我們把侮辱看成一種經濟成本，一種社會負擔，會怎麼樣？當人們接受最低生活所需的救濟，條件是要被其他市民羞辱——如果我們決定要「量化」這當中所造成的傷害，會怎麼樣？

換句話說，如果我們在估算生產力、效率與福祉的時候，把「侮辱性的施捨」與「依正當權利提供的援助」之間的差異也納入計算，會怎麼樣？我們或許會做出這樣的結論：提供全民共享的社會服務、公共醫療保險，或受補助的公共運輸系統，就達成我們共同目標而言，是一個具有成本效益的方式。我會毫不遲疑地承認，這種作法本質上頗有爭議：我們要如何量化「侮辱」？剝奪部分孤立的市民使用都會資源的機會，其可計量的成本為何？我們願意付多少成本來建立一個好的社會？

就連「財富」本身都強烈要求重新定義。人們廣泛認為，級距陡峭的累進稅制或經濟重分配會摧毀財富。這類政策無疑縮限了某些人的資源，而讓其他人得到利益——雖然我們切這塊餅的方式，跟餅的大小沒有多少關係。如果將物質財富重新分配能達成一些正面的長期效果，比如改善國民健康、消弭由怨恨而導致的社會緊張，或者讓每個人有更多或平等的機會使用那些向來被保留給少數人的服務——這個國家難道不是過得更好嗎？[6]

讀者可能會注意到，我這裡對「財富」或「過得更好」這類語詞的使用，明顯超出它們當前的、嚴格物質意義下的用法。如果我們要重新打造公共對話，我以為，唯一實際的辦法，就是在更廣泛的層面上這樣使用這些語詞；這樣才有可能開始帶來改變。如果我們不改變使用的語言，那我們的思考也仍然會是老套。

用這種方式來構想政治變革，在歷史上也有過先例。在十八世紀晚期的法國，當腐舊的王朝搖搖欲墜時，政治舞台上最重要的發展並不是抗議的運動或國家為了阻擋這些抗議而實施的制度，而是在語言本身。報人與宣傳小冊作者，連同一些正好也表達異議的官員與教士，從關於正義與民權的老舊語言中打造了一套全新的公共行動的修辭。

6 Fred Hirsch, *The Social Limits to Growth* (Cambridge: Harvard University Press, 1976), p. 66, note 19.

由於無法正面與君王政府衝撞，他們開始著手使君王制喪失合法性，辦法是想像並表達對當時狀況的抗議，並且設想「人民」可以信賴的其他公權力來源。結果是，他們發明了現代政治；而且在這麼做的同時，他們不折不扣地讓之前的一切都不再可信了。到了大革命本身爆發時，這套新的政治語言已經深入人心。事實上，如果這個前提不存在，那些革命人士光靠他們自己，將沒有語言工具來描述自己在做什麼，正所謂「太初有話」（In the beginning was the word）[7]。

今天，主流的看法鼓勵我們相信：政治會反應我們的意見，並幫助我們塑造一個共享的公共空間；政治人物進行討論，我們則用選票來回答他們。但是真相完全是另一回事。大多數人們並不覺得自己參與了任何重要的對話，他們只是被告知該想什麼，以及該怎麼想。只要一牽涉到議題的細節，他們就會被暗示：「這些不適合你們」。至於一般性的政策目標，政府都儘量讓他們相信，這些是老早就被決定的事。

於是真正的辯論被壓制了；由此造成的錯亂結果，在我們身邊到處可見。今天在美國，市政廳的聚會與「茶會」（tea parties），跟其十八世紀的原版比起來，只是可笑的仿本。不但沒有展開辯論，他們甚至還使辯論無從發生。煽動家灌輸民眾該想些什麼；當他們所說的話從群眾的附和中傳了回來，他們就放肆地宣稱，自己說話依據的僅僅是民眾的感受。在英國，電視已經被當成民粹抒發不滿的安全閥，而且效果出奇地好：職業政客現在宣稱自己從現場扣應投票以及民意調查裡傾聽了民眾的心聲，議題涵蓋從移民政策到戀童犯的一切問題。這些人把自己的恐懼與偏見唧唧喳喳地吐回民眾頭上，自己則輕鬆地卸下了領導或採取主動的重擔。

與此同時，在英吉利海峽對面的共和法國或寬容的荷蘭，政治人物關於國家認同與國籍資格的辯論多半劣質且虛偽，而對抗大眾偏見與正視移民融入的挑戰時不可或缺的政治勇氣，則是鳳毛麟角。在這裡，一場「對話」也

7〔譯注〕約翰福音開頭的這句話「In the beginning was the word」，新教和合本譯為「太初有道」；天主教思高本譯為「在起初已有聖言」，對於賈德此處多少有點開玩笑意味的引用都不太合適。但是完全重譯，又會喪失引用聖經的趣味。此處翻譯採恢復本譯法，好符合賈德的脈絡。

看似在進行中，但是其討論範圍，已經被很小心地事先界定了；其目的不在鼓勵異議觀點的表達，而是要予以壓制。這些「對話」不但沒有促成公共參與和消弭市民疏離，反而直截了當地在民眾對政治人物與政治的厭惡上火上加油。在一個現代的民主政體裡，要在大多數時間裡愚弄大多數人民是辦得到的，但是這是有代價的。

我們需要重新開啟一種不同的對話。我們需要再度對我們內心的直覺充滿信心：如果有一個政策、行動或決策不知怎麼回事看起來總是錯的，我們必須找到語言把這錯誤清楚指出來。根據民意調查，大多數英國人對於熟悉的公共財被倉促且粗暴地私有化感到憂心忡忡：自來水與電力公司、倫敦地鐵、倫敦地鐵的地區巴士服務以及區域醫院，更不用說退休之家、照護服務等等。但是當民眾被告知，這類私有化是為了幫國庫省錢以及改善服務效率時，他們就住嘴了：誰敢反對呢？

重新開啟的社會問題

「每個人都是大陸的一片，是全體的一部分。」

——約翰．鄧 John Donne

今天我們面臨兩種實際上的困境。第一個可以扼要地描述為「社會問題」的重新浮現。對維多利亞時代的改革者（或者一次大戰之前時代的美國激進主義者）來說，他們當時的社會問題帶來的挑戰是不難理解的：一個自由主義的社會該如何回應新工業城市帶來的貧窮、人口過多、髒亂、營養不良以及疾病問題？該如何把勞動大眾納入社群之中，讓他們成為選民、市民與參與者，同時不導致動亂、示威或甚至革命？該做些什麼事，才能減輕都會的勞動大眾所遭遇的痛苦與不正義？又該怎麼才能讓當時的統治菁英看清楚改革有其必要？

二十世紀西方的歷史，在很大程度上，就是努力為這些問題尋找答案的歷史。這些答案後來獲得令人矚目的成功：不只避免了革命，而且工業普羅階級也以可觀的幅度融入了社會。只有在威權統治者阻擋了一切自由主義改革的地方，社會問題才轉換成政治挑戰，結局通常都是暴力衝突。在十九世紀中期，眼光犀利的觀察家如馬克思曾經堅決地認定，工業資本主義帶來的貧富不均問題，只能通過革命來解決。至於這些不均的問題可以和平地消弭在新政、大社會以及福利國家等政策中，則完全是馬克思不曾想到過的。

然而從一九七〇年代開始，在美國、英國以及每一個把經濟建立在英美模式上的國家裡，貧窮（不論衡量的標準是嬰兒死亡率、預期壽命、可用的醫療資源、正常僱用或者負擔生活最低所需的能力）都持續地增加。貧富差距與貧困帶來的病態結果（犯罪、酗酒、暴力與精神疾病）都以相同比例增加了。這些社會失能的症狀，我們那些愛德華王時期（一九〇一至一九一〇年）的前輩一定一眼就能認出來，社會問題已經回到我們的日程表上。

在討論這些事情的時候，我們應該小心地避免純粹負面的衡量標準。如偉大的英國改革者威廉·貝福利傑曾經指出的，在描述與考慮處理「社會問題」時有一個危險，就是把這些問題簡化成「酗酒」或缺少「救濟」之類的事物。對貝福利傑以及對我們來說，真正的問題是「某種更廣泛的東西，簡單說來，就是在什麼條件下，整體來說，人們有可能而且覺得值得活下去」。[8]他這句話的意思是我們必須決定，政府必須做些什麼，人們才得以追求可接受的生活。僅僅提供使人免於墜入深淵的最低福利是不夠的。

我們面對的第二個困境，關係到科技改變對社會造成的影響。自工業革命開始以來，我們在這種影響下生活已經兩百多年。隨著每一種科技的進步，人們便失去了工作，嫻熟的技術也成為多餘。然而資本主義持續的擴張，確保了新型態的僱用——雖然薪資不一定能與先前相比，而且社會地位常常更為低落。連同國民教育與識字率的普及——大多數已開發國家都在一八七○至一九七○年的一世紀中完成這個過程——為新市場生產新商品的新工業所提供的工作，足以確保大多數人的生活水平持續得到改善。

8 José Harris，前引著作 p. 73.

但是今天的情勢已經改變了。非技術或半技術工作快速消失，不只因為機械化或自動化生產的緣故，同時也因為勞動市場的全球化使工作流向最壓迫勞工也最低薪的經濟體（特別是中國），而非湧入先進與更平等的西方社會。已發展世界要回應這種競爭只有一個辦法，就是利用自己占比較優勢的資本密集的先進工業；在這個領域裡，知識就是一切。

在這種情況下，對新技術的巨大需求，遠遠超過了我們教授這些技術的能力，而且這些技術在幾年之內就會被更新的技術趕上，即便受過最好訓練的僱員也望塵莫及。大量失業（從前被認為是經營不善的經濟現象）開始像是一種先進社會典型的地方流行病。我們充其量也只能期待「不充分就業」——人們或者打零工，或者接受遠在他們技能水平之下的工作，或者從事傳統上被分派給移民與少年的非技術性勞動。

這個即將來臨的不確定性的年代很可能造成的結果，就是人們再度仰賴政府而存活（所謂不確定性，是指越來越多的人將很有理由擔心失去工作，或者長期而言自己將被淘汰）。即便再就業計劃、兼職工作計劃以及其他緩衝性的安排是由私部門進行的，這些計劃仍將接受公部門的補助——在為數不少的西方國家裡就已經是如此。沒有一位私人僱主會把僱用勞工當成慈善行為。

即便如此，越來越多的人有理由覺得自己在所屬社會的經濟生活裡沒有用處，這不能不對社會構成嚴重的挑戰。如我們已經見到的，我們目前提供社會福利的方式鼓勵人們相信，那些找不到固定工作的人某種程度要為他們自己的不幸負責。我們之間這樣的人愈多，就會給城市生活與政治的穩定性帶來更大的風險。

一個新的道德敘事？

「希臘的倫理思想是建立在一種關於人類本性的客觀目的論之上的；這套思想相信，有一些關於人類與他在世界上的位置的事實，以一種理性方式，決定了人類注定要過合作與有秩序的生活。這個信念的某種版本被後來歷史上大多數的倫理觀所支持；然而我們現在卻意識到必須在沒有這種信念的狀況下過日子；或許自從西元前五世紀某些智士首度懷疑這個信念以來，沒有任何人比我們更意識到這一點。」

——柏納德．威廉斯

左派在二〇〇八年的金融危機中沒能做出有效的回應——更廣泛地說，他們在過去三十年裡從國家轉移到市場的過程中一直都是如此。缺少了可說的故事，社會民主黨人與他們自由派和民主派的伙伴，一個世代以來都處在挨打的局面：一方面為他們自己的政策道歉，另一方面當他們批評對手的政策時，則完全不能令人信服；甚至當政策受到歡迎時，他們也抵擋不住預算浮濫與政府干預的批評。

那麼該怎麼做呢？左派能夠提出哪一種政治或道德的架構來解釋他們的目標，並說明這些目標的正當性？舊式的大敘事（master narrative）早已經沒有立足之地。我們也無法撤退到宗教裡，不論我們想出什麼來解釋上帝的目的以及他對人們的期待。事實是，我們不可能指望重新找回信仰的國度，特別是在已開發的國家裡，愈來愈多人不覺得宗教是採取公共或私人行動的必要或充足動力。

另一方面，雖然在西方社會裡，公共政策的合理性被建立在神學的理由上，會讓多數人感到困惑；但是這個事實不應該讓我們忘記，道德目的在人類事務中至關重要。關於戰爭、墮胎、安樂死、刑求的爭議、關於健康醫療或教育的公共開支的爭論，人們在這些以及其他如此多議題中直覺使用的辭彙，都是直接源自傳統的宗教或哲學作品，即便當代的評論者對這些著作已經不再熟悉。

公共決策先天具有倫理的性質，但是當代的政治討論則充滿功利主義的色彩；這兩者之間的落差，解釋了為什麼今天我們對政治與政治人物缺乏信賴。自由主義者總是太快嘲笑宗教領袖溫和的道德呼籲，並以現代生活的複雜與誘惑作為對照。但是已故的教宗若望保祿二世對不論是否信仰天主教的年輕人的號召力都是非比尋常的；這個事實應該讓我們停下來想一下：人類需要一種語言，來表達他們天生的道德情感。

用稍微不同的角度來說：即便承認人生沒有更高層次的目的，我們也仍然需要給我們的行動賦予一種比這些行動更高的意義。僅僅主張某件事符合或不符合我們的物質利益，不會讓大多數人在大多數時間裡感到滿意。為了說服**其他人**某件事是對的或錯的，我們需要一種能表達目的（而非手段）的語言。我們不必相信我們的目標一定會成功。但是我們的確需要的是，我們能夠相信這些目標是有意義的。

我們面臨的困境當中，有如此多都是源自於政治懷疑主義。即便自由市場像宣傳裡說的那樣運作良好，要主張這種制度因此構成美好生活的充分基礎，仍然頗為困難。那麼，在一個不受管制的金融資本主義、或者像十八世紀經歷過的那種「商業社會」裡，到底我們覺得缺少了什麼？我們在當前制度裡直覺感到不對勁的究竟是什麼，而我們可以怎麼回應？當我們看到富人不受限制地進行國會遊說，讓其他所有人蒙受損失時，究竟是什麼冒犯了我們，讓我們覺得這樣不恰當？我們是不是失去了什麼東西？

我們全都是希臘人的子孫。我們直覺地體會到，我們需要一種道德的方向感：我們不需要熟知蘇格拉底就能感覺到，未經檢驗的生活並沒有太高的價值。作為天生的亞里斯多德信徒，我們認為一個公平正義的社會，是指公平正義經過長久的實踐而被確立的社會；一個好的社會，是指人們行為良好的社會。但是，我們還需要確定「公平正義」或「良好」的意義，才能讓這類隱然有循環論證意味的說法具有說服力。

對亞里斯多德跟他的後繼者來說，公平正義（justice）或善的本質不只是一個定義問題，更是一個習俗與慣例的問題。像色情一樣，其屬性或許不可能完全定義，但是你一看到就會認出來。「合理的」富裕水平，「可接受的」折衷方案，公平正義或良善的決議，人們對這些東西的嚮往是無需言語解釋的。避免極端，不只本身是一種正面的德性，同時也是政治穩定的先決條件。然而，「溫和中庸」這樣的理念，雖然對各個世代的道德主義者如此熟悉，在今天卻很難清楚說出來。更大不一定總是更好，更多不一定都更可欲；但是我們已經失去了表達這些想法的勇氣。

造成我們困惑的其中一個來源，可能是法律與公平正義之間的區隔變得模糊了。特別是在美國，一件事情只要沒有違法，我們就覺得難以界定它有什麼壞處。我們已經想不起「明智審慎」（prudence）的概念了。高盛公司（Goldman Sachs）接受了納稅人慷慨紓困之後還不滿一年，就發放數十億美金的紅利，這不只是**短視輕率**（imprudent），而且是不對的（improper）——看在蘇格蘭啟蒙時代的人們眼裡，這一定是至為明顯的錯誤，古典時期的哲學家必也如此看待。「短視輕率」在這個脈絡裡，應該跟金融詐欺同等地值得譴責，特別是因為這種行為給社會全體帶來了重大風險。

啟蒙時代一個獨特的成就，就是把古典的道德範疇熔進人類進步的世俗圖像裡：在一個有良好秩序的社會裡，人們不只過得好，而且也努力過得比過去更好。進步的理念進入了倫理的辭典裡，並主宰了往後兩個世紀中大多數的時期；甚至今天我們還能聽到這種天真的樂觀主義的殘響，比如當美國人熱切地說要「重新發明」美國人。但是，除了用「進步」來描述冷硬科學的例子以外，「進步」真的還是我們對所居住的這個世界可信的描述嗎？

這個啟蒙時代的進步圖像——不論是否有上帝作為其原初的推動者與道德的仲裁者——再也不能使人信服了：我們現在需要一些理由，才能把一項或一套政策置於另外一項或一套政策之上。我們欠缺的是一個道德敘事：一套本身有健全理路的解釋，以便讓我們的行動歸屬於一個更高的、能超越行動本身的目的。但是當有人說，政治是關於可能的藝術，而道德則（用前英國首相哈洛德．麥克米蘭〔Harold Macmillan〕的話來說）最好留給主教們去關心，我們又該怎麼看待這樣的觀點呢？一切規範性的論題（如果認真奉行的話）難道不是潛在地不容反對嗎？為什麼要訴諸抽象的最高原則呢？我們不是更應該從既有的現實出發嗎？

集體的目的可以包含許多不同的、彼此競爭的目標。確實，任何真正開放的社會都會希望容納這些互相競爭的目標：自由與平等是最顯著的例子——而且我們現在全都十分清楚，在創造財富與保護環境之間存在怎樣的緊張關係。如果我們真要嚴肅看待我們所有的渴望，某種相互制衡將是不可或缺的。對任何依照共識運作的系統來說，這是不待言而自明的道理；但是這番話今天聽起來如此地理想主義，充分說明了我們的公共生活已經退化到何等程度。

不只被認為過於理想主義，還過於天真，誰今天還相信這類共有的理想？但是總得有人為捷克哲學家雅恩·帕托什卡（Jan Patočka）所稱的「城市的靈魂」負起責任。你不能無止盡地用經濟成長的故事來代替這個靈魂。美國用富裕來取代社會主義（美國社會學家丹尼爾·貝爾〔Daniel Bell〕曾經這麼說）。但是我們真的不能做得更好了嗎？

我們要的是什麼？

「我終身的目標是要讓最大多數人生活得更愉快；
我不在乎這個過程會不會讓那些富裕的少數變得比較不愉快。」
——約瑟夫・張伯倫 Joseph Chamberlain

在所有我們可能追求的那些彼此競爭而且只容許部分調和的種種目的當中，社會不均的消弭必須列在第一。如果國內處在社會不均的狀況下，所有其他可欲的目標就變得難以達成。不論在德里或底特律，窮人與基本權利永遠受到損害的人們無法期待公平與正義。他們無法獲得醫療照顧，預期壽命與生涯發展也相應地受到縮限。他們無法獲得良好的教育，而且因為缺乏教育，他們無法期望得到固定工作，更不用說參與社會的文化與文明創造。

在這個意義下，任何對這個世界真正進步的批判，都要從資源享用的不平等開始——包括從基本權利到飲水的每一種資源不平等。但是社會不均並不僅僅是個技術問題而已。社會不均彰顯且強化了一件事：社會凝聚力的喪失——也就是那種在一個接著一個的封閉社區裡生活的感覺；其主要目的是把其他（不像我們這麼幸運的）人擋在外面，並且把我們的優勢利益保留給我們自己與家人享用。這是這個時代的病態，也是任何民主政治所面臨的最大威脅。

如果我們一直維持這種極度的不均狀態，很快就會喪失對同胞之愛（fraternity）的感受力；而同胞之愛，儘管作為一個政治目標時無比的愚蠢，卻是政治本身存在的必要條件。對所有人灌輸一種共同目標與相互依賴之感，很早就被認為是任何社群存續的關鍵。為了一個共同目的而一起行動，能給個人帶來巨大的滿足感，在從業餘運動到職業軍隊的任何群體中都是如此。在這個意義下，我們從來一直都知道，不均不只是道德上令人困擾，而且根本是**缺乏效率**。

在舉目可見各種不均的社會裡，嫉妒與怨恨會帶來破壞性的影響；然而在較平等的條件下，這些負面影響可以得到顯著的緩解，平等主義的國家其監獄人口較少就是一個例證。上下階層差距較小的人口，常常也是教育程度較高的：讓底層人口獲得更多機會，一點也不會減損那些地位已經穩固的人的展望。而且教育程度較高的人口不只會過更好的生活，在面對斷裂性的科技變化時，他們也能較快適應，耗費的成本也較低。

有非常多證據指出，在不均的社會裡，如果那道把富者跟其他大多數人區隔開來的鴻溝顯著地縮小，那麼就連富裕者也會覺得更愉快。他們的生活一定會變得更安全。但是這裡牽涉到的不僅僅是私人利益：身邊如果有人在惡劣的條件下生活，形同構成持續的道德譴責，即便是富裕者也會覺得心裡不舒服。

就算對自私的人來說，自私的行為也是不愉快的。這就是封閉社區興起的緣由，特權階級不喜歡一直被提醒自己享有特權——如果這些特權在道德上有可議之處的話。誠然，或許有人會說，在被灌輸了三十年要關注自己的利益之後，美國與其他地方的年輕人已經不會受這種感覺的困擾了。但是我不相信這種說法。年輕人永遠希望做點「有用」或「好」的事情，這是出於一種我們無法毀掉的本能。然而，我們卻盡我們所能去摧毀：不然為什麼各大學認為應該為大學生開辦各種「商學院系」？

現在是扭轉這個趨勢的時候了。在後宗教社會裡，像我們所處的社會一樣，大多數人們都在世俗的目標上尋求意義與滿足；我們只有儘量發揮亞當・斯密所稱的那種「慈善的本能」，並且逆轉我們自私的欲望，才能夠「在人類之間創造出一種情感與熱情的和諧狀態；人類全部的種族意義與合宜之美，就建立在此和諧之上」。[9]

9 Adam Smith，前引著作 p. 20.

「戰後民主制度的成功，靠的是在國家規範之下，
生產與重新分配之間的均衡。
隨著全球化的發展，這個均衡被打破了。
資本已經變得完全流動：生產移到國家邊界以外，
也因此超出了國家重新分配的管轄範圍……
經濟成長將與重新分配相衝突；
惡性循環的循環將繼續惡化。」
——多明尼克・史特勞斯卡恩 DOMINIQUE STRAUSS-KAHN

CHAPTER 6
The Shape of Things to Come
——
未來事務的樣態

在《路易．波拿巴的霧月十八日》著名的開頭段落，卡爾．馬克思寫道：在世界歷史上，所有重要的事實與人物都出現兩次：第一次以悲劇的形式，第二次則是鬧劇。這個觀點有很多可以談的地方，但是它沒有排除一個可能性：甚至悲劇也可以不斷重複。慶祝共產主義垮台的西方評論家信心滿滿地預測，一段和平與自由的時代即將到來。我們早該知道事情並沒有這麼美好。

全球化

「一個國家的生存如果仰賴其他國家所提供的收益，必定比那些生產自己所需的國家更加地暴露在時間與偶然性帶來的無窮無盡的意外風險之下。」

——托馬斯．馬爾薩斯 Thomas Malthus

就連經濟體制也是有歷史的。上一次國際化的大時代——「全球化」一詞誕生前的全球化——發生在第一次世界大戰之前數十年的帝國主義時期裡。當時人們廣泛認為，就跟今天一樣，「我們」(大不列顛、西歐與美國)正站在一個前所未有的經濟成長與政治穩定的時代的起跑點上。人們簡直無法想像會發生國際戰爭。不只強權國家把維持和平視為最高利益；在數十年的工業化以及軍事科技的重大發展之後，戰爭也將造成無法形容的毀滅，而且代價高昂到無法承受。沒有一個理性的政府或政治人物會希望發生戰爭。

再者，在一九一四年時，拜新形態的通訊、運輸與匯兌之賜，國內瑣碎的爭端、帝國與力圖振作的民族國家之間的邊界爭議等等，都顯得荒謬且時代倒錯。比如說，讓奧匈帝國分裂，在經濟上完全沒有理由：工業的心臟地帶在波西米亞，首都在維也納，又有來自整個中歐與東南歐的移民作為勞動力，奧匈帝國可說是現代經濟生活中國際化的活生生例證。當然沒有人會僅僅為了民族主義教條的緣故，而希望這個自然整體的各個組成部分陷入貧困。國際市場已經取代了民族國家，而成為人類活動的主要單位。

一九一四年之前的歐洲人為什麼對自己有如此巨大的信心？任何為這個

問題尋找解釋的人，都不能比凱因斯的《凡爾賽和約的經濟後果》（*Economic Conse-quence of the Peace*）說得更好。這本寫於一戰後不久的書總結了一個站在災難邊緣上的世界的種種幻覺——然而這類太平盛世的幻想被戰爭打破了，在接下來的五十年裡趨於沉寂。如凱因斯提醒我們的：「……社會與經濟生活的國際化，在當時幾乎已經完全實現了。」[1]我們可以援引一個當時還沒出現的語詞：那時的世界彷彿是平的。

這個前例應該讓我們有所警惕。這第一次的全球化終止在一個令人顫慄的事件裡。由於世界大戰及其後續發展的影響，世界經濟直到一九五〇年代才恢復一九一三年的水平。原本彷彿無可阻擋的經濟邏輯，被互相對抗、政治不穩定的新興民族國家打破了。所有大帝國——俄羅斯、奧地利、土耳其、德意志以及最後的大英帝國——全都崩潰了。只有美國是這場國際大動亂的贏家，而且就連美國也直到戰爭結束將近三十年之後，才開始從因為戰爭而首度掌握的霸權地位取得利益。

愛德華時代的樂觀主義消失了，取而代之的是持久不去、囓咬人心的不安全感。在鍍金時代的美好幻覺與往後四十年的嚴酷事實之間，有巨大的落差，而填補這個空白的，是經濟緊縮、政治煽動與從未間斷的國際衝突。到了一九四五年，所有人「對安全感如此飢渴」（凱因斯語），以至於戰後從華盛頓到布拉格的政府體系都整合實現了公共服務與社會安全網絡，以回應這種渴望。「社會安全」（social security）這個辭彙本身——由凱因斯取自美國的新用法並加以修正——成為一種普遍通行的代號，指稱一些預防性的制度與機構，其目的在讓兩次大戰之間的災難不再發生。

今天，我們好像從未經歷過二十世紀一樣。我們已經被席捲在一個新的「全球整合資本主義」、經濟成長與生產力無限增長的大敘事裡。像先前「無止盡的改善」的敘事一樣，全球化的故事也把一個有評價性質的神咒（「成長就是好」）與「這一切不可避免」的假定結合在一起：全球化已是我們的一部分，是一個自然的過程而非人類有意的選擇。全球經濟的競爭與整合是

1 John Maynard Keynes, *The Economic Consequences of the Peace*, in *The End of Laissez-Faire and the Economic Consecuences of the Peace* (Amherst, NY: Prometheus Books, 2004), p. 62.

一股人類無法逃脫的力量——這成了我們這個時代的幻覺。如柴契爾一度所說的：你別無選擇。

我們應該對這類宣稱保持戒心。戰後數十年裡人們熱衷追求的事物有一個特色，就是對科技與理性管理有極高的、現代主義式的信仰；「全球化」就是此一信仰的更新版。跟那些熱情一樣，「全球化」也隱然排除了政治作為抉擇的場域的功能：就像十八世紀的重農主義者習慣堅持的那樣，由經濟關係構成的諸多系統，是依照自然法則制定的。一旦這些系統被辨認出來、而且被正確理解後，我們剩下唯一能做的，就是依照它們的法則來生活。

然而，說經濟的全球化程度愈高，就愈會走向財富的平均化（較有自由主義傾向的全球化推崇者所提出的一項辯護），這個說法根本不成立。雖然在各國之間的不平等確實變小了，但是在各個國家內部，富裕與貧窮的差距實際上卻是增加的。再者，經濟規模的持續擴大，光就本身而言，並不保證帶來平等或繁榮，甚至不能算是經濟發展可靠的源頭。

在數十年的快速成長之後，印度二〇〇六年的平均每人國內生產毛額

（per capita GDP）（七百二十八美金）只比撒哈拉以南的非洲稍微高一點，同時在聯合國的人類發展指數（Human Development Index）——一種納入種種社會與經濟指標的綜合指數——上，印度的排名還落後古巴與墨西哥七十名，更不用說與完全發展的經濟體做比較。至於現代化，儘管印度熱切地參與了高科技產業與服務的全球化經濟（並為此多所吹捧），但是在全國四億勞工當中，只有一百三十萬人在這「新經濟」中分到一杯羹。我們至少可以說，全球化帶來的利益需要非常長的時間，才能從富者的指縫間滴一點點到窮人的頭上。[2]

此外，所謂經濟全球化會平順地轉換成政治自由，並沒有很好的理由支持這種認定。中國與其他亞洲經濟體的開放，只是讓工業生產從高薪資區域移轉到低薪資地區。再者，中國（跟其他許多發展中國家一樣）不僅是一個低薪資國家，而且還是一個——這一點特別重要——「低人權」國家。是基

2 Pankaj Mishra, "Myth of the new India," *New York Times*, July 6, 2006.

本權利的缺乏，才使得薪資維持在低水平，而且這種狀況還會持續好一段時間——同時也壓低了與中國競爭的國家內的勞工權益。中國的資本主義遠遠沒有讓大眾的生存條件更自由，反而讓他們受到更多壓迫。

至於有人誤以為，全球化將會削弱政府的力量，助長財團主義的市場國家（corporatist market state）的興起，勢力龐大的跨國公司將主宰國家對外經濟政策的制定，但二〇〇八年的金融危機已經戳穿了這種幻想[3]。當銀行倒閉，當失業率大幅攀升，當人們呼籲大規模的政策修正時，根本就沒有「財團主義的市場國家」這回事，我們所擁有的國家還是那個從十八世紀起我們所認識的模樣。我們所擁有的就只是這樣。

在數十年相對式微之後，民族國家準備重申他們在國際事務上主導的地位。人民若經歷到升高的經濟與社會不安，就會退一步尋求政治象徵、法律資源以及實體壁壘的保障，這些都是只有領土國家才能提供的東西。這樣的事在許多國家裡正在發生，比如：美國政治市場上保護主義的支持度越來越高，跨西歐各政黨提出的「反移民」的訴求，以及無所不在的對於「關稅壁壘」、「貿易屏障」與「商品檢驗」的呼籲。

國際資本的流動持續地避開國內政治的監管。但是薪資、工時、退休金，以及其他一切對一個國家的工作人口重要的事項，仍然是在國內進行協商（以及被抗爭）。隨著全球化帶來的壓力與伴隨的呼喊，政府將被要求以更大的堅持來化解由此產生的種種緊張關係。領土國家作為在個人與非政府參與者（如銀行與跨國公司）之間的唯一機構，作為國外利益代理人與當地利益之間唯一的監管單位，它極有可能繼續擴大其政治影響力。很具有啟發性的是，在德國，梅克爾的基督教民主黨已經不作聲地卸下了他們對市場的短暫

3〔譯注〕市場國家（market state）是柯林頓總統的顧問菲利浦．巴彼特（Philip Bobbitt）於二〇〇二年《阿基里斯的盾牌》（*The Shield of Achilles*）一書中提出的國家概念。他認為這種形態的國家正在興起，將取代當前主要的國家體制（他稱為「民族國家」或「領土國家」）。所謂「民族國家」（nation state）不是近現代史常見的意義，而是市場國家的對立概念）。他認為當前國際主要的驅動力量是經濟，舊的「民族國家」的反應模式已不能應付這種局面。市場國家的主要職責是透過教育，協助人們進入市場，讓人民享有充分的機會，而非透過社會福利救濟他們。選舉與國會的影響力將會變小，政府將更敏銳地隨市場脈動。「財團主義的」（corporatist）這個形容詞為作者所加：所謂市場國家其實就是財團國家。

熱情，改為認同受歡迎的社會市場國家（social market state），以作為抵禦金融過度全球化的一道保險。

這看起來或許違反直覺。全球化的發展——以及法律規範在過去半個世紀裡更普遍地國際化——或許可望**凌駕**傳統國家？據稱我們正走向一個合作性的跨國家時代；在這樣的時代裡，被領土框限的政治單位之內的衝突，將要走進歷史。

但是正如同社會的中介組織與建制——政黨、工會、憲法與法律等——限制了國王與暴君的權力，同樣地，政府本身現在也可以擔任最主要的「中介組織」：站在無力量、無保障的國民跟不回應不負責的跨國公司或外國代理人之間。而且國家的政府——或至少民主國家的政府——可以在其國民眼中保持一種獨有的合法性。唯有政府還向國民負責，而國民也向政府負責。

如果全球化的衝突只是暫時現象（如果我們生活在一個過渡性的時刻裡，傳統國家已經籠罩在日暮的微光中，而新的全球統治正如旭日初升），那麼上述所說就都無關緊要了。但是我們真能如此確定，全球化將廣被接受，將長久成為人們日常生活的一部分？我們真能確定，經濟的國際化也將造成國內政治的式微？我們不是第一次在這種問題上犯錯。我們現在應該已經學到，就算經濟跨出國界，但是政治仍然以國家為界線：二十世紀的歷史用充分的例證告訴我們，即便在健康的民主國家裡，壞的政治選擇通常都打敗「理性的」經濟計算。

關於政府的思考

「政府很重要的一件事，就是不要去做那些人們已經在做的事，然後做得比他們好一點或差一點；而是要去做那些目前根本沒人做的事。」

——約翰．梅納德．凱因斯

如果我們真的將見證一個政府重新抬頭的時代，將見到人們更強烈地需要那些只有政府才能提供的安全與資源，那麼我們就得更加關注政府可以做哪些事情。過去半個世紀的混合經濟已經讓年輕的一代把安定視為理所當然，而且還要求來自政府的「妨礙」應該排除，包括賦稅、規範、以及普遍說來政府的一切干預。這種裁減公部門的要求，在已開發世界的大多數地方都成了預設的政治語言。

但是只有政府才能以必要的規模來對全球化競爭所造成的困境做出回應。這些困境不是任何一個民間的企業主或單一產業能夠掌握的挑戰，遑論著手處理甚至解決。私部門對此最多能做的，也只是進行短期遊說，以挽救特定工作，或向他們偏好的部門提供保護——通常被冠在國有事業或公共服務頭上的那些病症與無效率的問題，得到的正好也是一樣的藥方。

晚期維多利亞的改革者跟他們二十世紀自由派的後繼者，在著手面對市場的缺陷時，都仰賴政府的干預。如果一項改革目標不能被期待在市場中「自然」發生，就必須通過計劃、管理以及——在必要的時候——由上而下的強制手段來實現。（實際上，他們要處理的「社會問題」從一開始就是被市場的自然運作製造出來的，所以本來就不能指望市場會自然實現他們的目標。）

今天我們面臨的是一個類似的困局。在過去三十年的期間裡我們縮減了國有事業與公共服務的規模，現在卻發現我們自己事實上希望政府採取重大行動，規模堪比上一次經濟大蕭條的時代。不受節制的金融市場——以及少數人不成比例的高額利得與如此多人的損失構成的駭人反差——引來的批判聲浪，已經迫使各國政府必須介入。但是從一九八九年起，我們一直在慶祝終於擊倒了大政府主義，也因此找不到適當的立場來對我們自己解釋，到底為什麼我們還需要政府介入，又是為了什麼目的。

•••

我們需要再度思考政府是怎麼回事。畢竟，我們一直都有政府。在美國，即使這個最喜歡在人民事務中藐視政府角色的國家，華盛頓也支持甚至資助了一些其所選定的市場參與者：鐵路大亨、小麥農夫、汽車製造商、航太工業、鋼鐵廠以及其他許多部門。不管美國人天真地相信什麼，他們的政府一向都把手指插在經濟的大餅裡。美國相對於所有其他已發展國家不同之處，是他們廣泛相信這個與事實相反的信念。

不但如此，政府還被醜化為造成經濟失調的元兇。在一九九〇年代裡，這套修辭在愛爾蘭、波蘭、拉丁美洲部分地區以及英國獲得廣泛的仿效：一般的意見都支持在可能的範圍內，把公部門侷限在行政與安全的功能之內。就這樣，從柴契爾到當前的共和黨這些以意識形態的緣故敵視政府的人，以一種有趣的反諷，實質上採取了費邊社會主義（Fabian Socialism）創始人希德尼．韋伯（Sidney Webb）的觀點。韋伯一直主張：「未來是屬於有偉大管理當局的國家的；官員們負責統治，警察們維持秩序。」

在這種強大的負面迷思面前，我們該怎麼著手描述政府恰當的角色？首先，我們應該——比左派向來願意承認的程度更誠實地——承認一件事：權力過大的統治權會經造成、未來也依然能夠造成真正的傷害。這裡有兩個合理的顧慮。

第一個顧慮是強制。政治自由的主要內容並不是「完全不受政府干涉」：沒有一個現代政府能夠（或應該）完全忽略他的國民。相反地，自由是指，對於政府想做的事情，我們能保有不同意的權力，並且能夠表達出反對的理由與陳述我們自己的目標，而無需擔心遭到報復。這一點實際上可能比乍聽之下還要再複雜一點，因為就算用意良善的國家與政府，可能也不高興見到少數企業、社群或個人頑強抵抗大多數人的願望。效率不應該被當作支持重大不公的理由，也不應該被用作以社會正義之名鎮壓異議者的藉口。生活在有效率的國家裡，不論這個國家屬於哪一種政治色彩，都比不上自由美好，如果效率的代價是鎮壓的話。

第二個反對政府積極任事的理由是：他們也可能做錯事。而且當政府犯錯時，規模很容易太巨大，從一九六〇年代開始的英國中學教育史就是一個顯著的例子。美國社會學家詹姆斯．斯科特（James Scott）曾經明智地指出「在地知識」（local knowledge）的種種好處。一個社會愈多樣化、愈複雜，頂端的管理者就有愈高的機率對基層的現實無知。他寫道，「對於一個複雜的運作中的秩序，原則上，我們的理解是有限度的。」[4]政府為了公共利益的緣故而採取的干預，一定要經過這個簡單事實的權衡。

這種反對與海耶克和他奧地利的同事們所說的並不一樣；海耶克是原則性的反對一切從上而下的計劃經濟。然而計劃可能是也可能不是達成經濟目標最有效的手段：公共行動的效益必須跟壓制個人知識與主動性的風險放在一起權衡。答案會依情況而改變，不應該教條地預先裁定。

我們已經擺脫了二十世紀中期的假設（從來不是人人信奉但確實十分普遍），那就是：對任何既有的問題，政府很可能都是**最好**的答案。現在我們需要把自己從另一個極端的假設裡解放出來，那就是：政府（從定義上而且永遠）是**最壞**的可選方案。

有些特定領域政府不僅可以，而且還**應該**干預；這種觀點絕非保守派人士眼中的禁忌。海耶克自己也認為，在經濟競爭（他的意思是市場）與「廣泛的社會服務系統之間，並沒有互不相容的問題，只要這些服務的組織不至於在設計上使得經濟競爭大範圍無效率就好」。[5]

但是，到底是政府服務的哪個部分，如果設計不良的話，會讓競爭「失效」？對此沒有普遍有效的答案，而要取決於我們談的是哪一種服務，以及我們要求競爭要多有效率。麥可・歐克秀（他認為無效率或被扭曲的競爭是所有可能結果裡最糟糕的）的主張是：「如果我們沒有辦法讓競爭成為某些事業裡的主控元素，那麼這些事業就必須移轉給公部門來營運。」[6]政府在經濟生活中的角色，本質上是一個視實務而定的問題。

很典型地，凱因斯比歐克秀更進一步。他在一九二六年寫道，經濟學家的主要任務在於「……重新把政府**該做**的事跟**不該做**的事區分開來……」。[7]顯而易見地，所謂該做的事，會隨著路線不同的政治人物而有所改變。自由主義者可能把政府侷限在減輕貧困的痛苦、消除極端的不公平與不利條件；保守黨人會把應辦事項限制在為一個有良好規範的競爭市場制定法律。他們

4 James C. Scott, *Seeing Like a State* (New Haven, CT: Yale University Press, 1998), p. 7.
5 Friedrich Jayek，前引著作 p. 87.
6 Michael Oakeshott，前引著作 p. 405.
7 Keynes, *The End of Laissez-Faire*, p. 37.

有不同的主張，但是，沒有爭議的是，政府有一些該做的事，以及一套執行這些事情的方式。

那麼，關於當前人們相信：我們可以有慈善的社會服務政府，或者有效率的、促進成長的自由市場，但是不能兩者兼得——這個想法又該怎麼看待呢？對這一點，海耶克的奧地利同鄉卡爾．波普，有句話值得我們思考：「一個自由市場是自相矛盾的。如果政府不干預，其他半政治的組織，比如壟斷者、企業聯合、工會等組織就會干預，讓市場的自由成為虛構。」[8]這個矛盾是很關鍵的。市場一直有受到過度強勢的參與者扭曲的危險；這些人或組織的行為最終會逼得政府不得不出手干預，以保護市場的運作。

只要時間夠長，市場就是自己最大的敵人。確實，新政的推行者勇敢地、而且最終成功地讓美國資本主義重新站穩腳跟，但是後來有許多受益者卻成了新政最強力的反對者。不過，儘管市場失靈可能是災難性的，市場**成功**在政治上也可以同樣危險。政府的任務不只是當一個監管不足的經濟爆掉之後在地上撿拾碎片，也要制止不當獲利的效應擴大。畢竟，許多西方工業國家在愛德華時代的社會改革裡經濟都超乎尋常地繁榮。總體看來，他們當時成長快速，財富也是成倍地累積。但是這些收益分配不良，而這一點比任何其他面向更導致了改革與監管的呼聲。

政府所做的一些事情，是一個人或一個團體無法獨立完成的。因此，儘管一個人能夠靠自己的努力繞著他的花園鋪設一條小徑，卻難以興建一條通往附近城市的高速公路；他也不會願意花這個錢，因為他永遠不能回收成本。這不是新聞。讀過亞當．斯密《國富論》的讀者會覺得這些話很熟悉。亞當．斯密在書中寫道，有一些特定的公共機構或設施是一個社會不可或缺的，而且「……其收益永遠無法償還任何個人或一小群個人為之投入的花費」。[9]

就算是我們當中最有利他精神的人，也無法獨自行動。我們也無法靠自

8 見 Malachi Hacohen，前引著作 p. 502.
9 見 Emma Rothschild，前引著作 p. 239.

願性的社團，所謂的「信仰倡議組織」[10]來追求公共福祉。讓我們假設，有一群人結合在一起，並決議在他們村子中間建造一個兒童遊樂場並負責其維護，主要為了他們自己的小孩，但是也開放給所有人使用。即便這些心胸寬大的自願者能從自己身上籌到足夠的資金來實現這個計劃，還是有問題會發生。

他們要如何阻止其他人——搭免費便車的人——享用他們付出的辛勞卻不做任何貢獻？要用柵欄把遊樂場圍起來、只准他們自己使用嗎？還是向其他人收取使用費？但是如果收費，那麼這個遊樂場就成了私人產業。公共財需要以公共開支來提供，才能維持其公共的屬性。市場能把這件事做得更好嗎？為什麼不應該有某個人建造一座私人的遊樂場，然後收取門票？使用的人夠多的話，他能夠把票價降到讓幾乎任何人都有能力享受這座設施的水平。但這裡的問題是，每一個（經濟學上被稱為）「選擇性需求」（option demand）的例子都需要一種市場無法提供的東西，那就是：任何個人所願意支付的價格，這個價格可以確保即便他很少使用的設施，只要他想要，就能夠方便地讓他使用。[11]

我們全都會希望我們村子裡有一個美好的兒童遊樂場，就好像我們全都會希望有很好的鐵路服務通往最近的城鎮，有整排的商店供應我們需要的商品，有一個地點方便的郵局等等。但是提供這些服務的費用該怎麼支付？要讓我們（包括那些免費搭便車的人）付這筆錢，唯一的辦法，就是透過徵收普通稅。從來沒有人想出過更好的方式，來把人們個別的渴望聚集起來，以

10〔譯注〕指小布希總統自一九九九年起提出的政策，主張以聯邦經費挹注「以信仰為基礎的倡議組織」（faith-based initiatives），讓他們提供社會公益與慈善服務。這牽涉到社福定位、政府直接扶持與贊助特定宗教團體（主要是基督教）的問題，是小布希任內在伊拉克戰爭、反恐與減稅之外最具爭議性的政策。

11〔譯注〕選擇性需求是美國經濟學家伯爾頓．維斯布洛德（Burton Weisbrod）提出的公共經濟學的概念。他認為，一個人若可以使用公共提供的服務與設施，即便他不確定自己會不會去使用或多常使用，也仍然會從中得到效益；這個效益他稱之為「選擇性價值」（option value）。選擇性需求就是對這種具有選擇性價值的服務的需求。比如社區公園，即便幾乎沒有人使用，但這個選擇性需求仍然存在，人們會願意為這種需求支付一個價格，即使還沒有使用這設備之時。作者想要指出，市場無法決定這個價格，這個定價只能以政治的途徑解決。

轉變成集體的利益。

我們似乎可以由此推論，當遇到實際的立法問題，那隻「看不見的手」幫不了太多的忙。在生活中太多的領域裡，僅僅靠我們各自做出自認為最有利的選擇，並不能促進集體利益。今天，當市場與不受限制的私人利益的結合如此明顯地違背集體利益時，我們得知道什麼時候該出手干預。

鐵路：一個案例研究

「火車站……請容我這麼說，並不構成所在城市的一部分，
而是包含了城市的人格特質；
正如同在車站的站牌上都漆著那座城市的名字一樣。」
——馬塞爾・普魯斯特 Marcel Proust

我想像一座古典的火車站，好比倫敦的滑鐵盧車站，或巴黎東站，或

孟買引人注目的維多利亞終點站，或者柏林壯麗的新車站。在這些現代生活的宏偉建築裡，私部門也有一席之地：報紙攤或咖啡吧沒有讓政府經營的理由。誰要是記得英國國鐵餐飲部包在死氣沉沉的塑膠紙裡的三明治的味道，就一定會立刻同意，在這類服務裡是應該要鼓勵競爭的。

但是你不能用競爭的思維來經營鐵路。鐵路，就像農業或郵政一樣，雖然屬於經濟活動，但同時也是一種關鍵的公共財。再者，你不能把兩輛火車放到同一個軌道上，看哪一輛表現更好，像超級市場一個商品架上兩種品牌的奶油互相比較，然後靠這種方式提升鐵路系統的效率。乘客並不會根據火車外觀、舒適度與票價來選擇要搭哪一班火車（假設有兩班同時發車），而是會搭先遇到的那一班。鐵路是天生的獨占行業。

這並不是說，鐵路不能私有化。很多地方的鐵路已經轉為民營了。但是結果通常不如人意。讓我們假設，政府授權賽福威（Safeway）連鎖超市可以在從波士頓到普羅維登斯（Providence）、或者從倫敦到布里斯托（Bristol）的地區內享有五年的超市專賣權。讓我們再進一步假設，政府保證會補貼賽福威的營業損失。最後，政府對賽福威發出大量的書面指示，規定他們可以販賣的物品種類、價格範圍以及必須開放的營業時間與營業日。

顯然地，沒有一個稍有自尊的連鎖超市會接受這項提議，也不會有任何頭腦清醒的政治人物提出這種主張。但是，這些實際上不折不扣就是從一九九〇年起私人公司在英國經營鐵路的營運條款：把最壞的市場壟斷、政府干預與道德風險結合於一身了。當然，這個超市的類比會讓我們感到荒謬，因為零售商之間的競爭在經濟上是合理的。但是讓幾家鐵路公司在一條既有的路線上互相競爭，則完全是不可能的事。準此，鐵路服務的獨占應該要保留在公部門的手裡。

人們通常用效率的理由來推崇私人企業與貶低公共服務，但是這套理由不適用在公共運輸的案例上。公共運輸有一個非常簡單的矛盾：它的服務愈好，就越沒有「效率」可言。一間私人公司如果推出一種快速巴士服務給負擔得起的人，同時避免經營只有退休老人偶爾搭乘的偏僻鄉村的路線，就當然會為老闆賺進更多的錢。就這一點而言，這間公司是有效率的。但是總得有人——政府或鄉鎮公所——來提供這個無法盈利、「沒有效率」的地區服務給那些退休老人使用。

如果拿掉這種地區服務，短期而言當然會產生經濟利益。但是這些利益會被社會受到的長期損害抵消——這些損害很難量化，但毫無疑問是真實的，英國巴士服務民營化的例子可以用來證明這一點。不難預測的是，巴士服務「有競爭力」之後的結果（除了交通供給永遠不足的倫敦是個例外），是服務項目被縮減了；公部門承擔的成本增加了；票價陡峭地漲到市場堪可忍受的上限——而且快速巴士公司取得了令人垂涎的利潤。

火車，跟公車一樣，主要是一種**社會**服務。幾乎任何人經營鐵路都會賺錢，如果他所需要做的只是在倫敦與愛丁堡、巴黎與馬賽、波士頓與華盛頓之間來回調度繁忙的特快車的話。但是也有許多地方的人們偶爾才搭一次火車，那麼往返這些地點的路線該怎麼辦？沒有任何單一的個人會挪出足夠的資金來支付必要的經濟成本，好讓這些路線維持運轉，只為了當自己難得一次需要搭乘的時候有車子可坐。這只有以集體的方式——透過國家、政府、地方當局等——才辦得到。但是有一類經濟學家永遠都會覺得，政府為此進行的補貼是沒有效率的。他們會想：把鐵軌拆掉，讓每個人自己開車，難道不會比較便宜嗎？

在一九九六年，英國的鐵路私有化之前的最後一年，英國國鐵獲得的公共補助，在歐洲所有鐵路當中是最低的。在那一年裡，法國計劃對鐵路的投資是全國平均每人二十一英鎊；這個數字在義大利是三十三英鎊；英國只有九英鎊。再者，在那幾年裡，英國財政部對東岸主線電氣化要求的投資回報率是百分之十——這個比率遠遠高出對高速公路建設的要求。各國鐵路系統提供的服務品質非常準確地反映了這幾組對照數字。

這也解釋了，為什麼英國鐵路網只能用非常吃虧的條件私有化，因為其基礎建設如此破舊，只有很少的買家願意承擔營運的風險，除非政府提出昂貴的補貼保證。英國財政部對國有鐵路網（或者美國政府對國有的聯邦鐵路）的投資太過吝嗇，（正確地）顯示了，國有本身並不保證交通系統能得到良好的經營管理。反過來說，雖然有些傳統上屬於私人的鐵路系統不但資金充裕，而且提供（事實上也被政府要求）第一流的公共服務，比如瑞士的地區鐵路公司，但是大多數私人公司的表現並非如此。

英美兩國與歐陸大多數國家對鐵路投資的對比，可以說明我的論點。法國與義大利長久以來就把鐵路視為一種**社會**服務。經營一條通往偏僻地區的路線，不論成本效益多麼低，都給當地社群提供了支撐。由於提供了公路交通之外的替代選擇，環境的損害也被降低。鐵路車站以及它提供的相關設施，對於哪怕是最小的社群來說，既象徵了社會作為一個共享的願望，同時也是這個願望的具體表現。

上面我提出，對偏遠地區提供火車服務，就算在經濟上「沒有效率」，就社會而言仍是有意義的。但是這一點引發另一個重要的問題：在提供公共服務的脈絡下，究竟什麼叫作有效率跟無效率？成本很明顯是一個因素——我們不能只靠印鈔票來支付所有我們想要的公共財的開支。就算最以和為貴的社會民主派也必須認清：我們不能提供一切，而必須有所取捨。但是當我們要在互相競爭的各種優先性之間作決定時，需要考慮到的成本並非只有一種：我們也要想到機會成本，也就是想到如果我們做錯決定將會喪失什麼。

在一九六〇年代早期，英國政府接受了由李查．畢奇恩博士（Dr. Richard Beeching）主持的一個委員會的建議，關閉了全國百分之三十四的鐵路網，理由是為了節省與效率。四十年過去了，我們現在可以評估這個災難性的決定真正的代價是什麼了：是建築高速公路與鼓勵開車的環境成本；是數以千計的市鎮與村落因為被剝奪了彼此之間以及通往國內其他地方的連結而蒙受的傷害；以及在幾十年後當人們重新了解到那些被廢棄的路線與通道的價值時，重建、翻新或再度啟用這些鐵路導致的巨大開支。所以，畢奇恩博士的建議到底是多有效率？

要在未來避免這種錯誤，我們唯一的辦法就是重新想一想，該用什麼判準來衡量各種不同的成本：包括社會的、環境的、人力的、美觀的、文化的，還有經濟的。就這一點上，大眾運輸（特別是鐵路）的例子能給我們重要的啟發。大眾運輸並非一般的公共服務，鐵路也不僅僅是把人從甲地送到乙地的一種方式。鐵路問世於十九世紀早期，正好與現代社會和提供公共服務的現代政府的出現時間重疊；他們的命運是互相緊密交織的。

自火車發明以來，旅行成了現代性的象徵與指標現象。在藝術與商業裡，火車（連同腳踏車、摩托車、巴士、汽車與飛機）都曾被當作指標，來證明一個社會站在發展的最前鋒。然而在大多數情況下，把一種特殊的交通形式視為新奇或時髦的表徵，都是短暫現象。腳踏車只「嶄新」過一次，在一八九〇年代。摩托車在一九二〇年代對法西斯主義者與英國的時髦年輕人是「新奇」的（但是在那之後摩托車就開始成為令人懷舊的「老古董」了）。汽車（跟飛機一樣）在愛德華時代是「嶄新」的；然後在一九五〇年代又很短暫地「新」了一次；在那之後，汽車代表許多東西——可靠、繁榮、可觀的消費、行動自由，但是本身不再代表「現代性」了。

鐵路就不一樣。火車在一八四〇年代就已經是現代生活的象徵——這就是為什麼從透納（Turner）到莫內的「現代主義」畫家都對火車著迷。當一八九〇年代偉大的跨國特快車開始出現時，火車仍然在扮演這個角色。一九〇〇年之後，電氣化的管狀快車是現代主義的詩人與插畫藝術家膜拜的偶像；在一九三〇年代裡，再沒有別的東西比新表現主義風格的海報上、全新流線造型的超級火車更透露極致的現代性了。在今天，時速三百公里又舒適的日本新幹線與法國高速鐵路（TGV）是科技魔法最典型的偶像。

所以我們似乎可以說，火車具有永不褪色的現代性——即便有些時候火車會離開人們的目光焦點。在這個意義上，任何國家若沒有健全的鐵路網，可說是非常「落伍」的。同樣的話也適用於火車站。早期主要公路上的「加油站」在今天的描繪與記憶中是個引人懷舊的對象；但是加油站的功能與設施在經過一系列的更新與替代之後，原本的形態只存在於溫暖的回憶裡了。機場通常在美感與功能上開始過時後仍遲遲沒有改建（而且這一點令人惱怒），但是沒有人會為了機場本身的緣故而希望保存它們原本的模樣，更不會有人認為一座建於一九三〇年或甚至一九六〇年的機場今天還有用處或價值。

然而一百年或甚至一百五十年前建造的火車站，例如：巴黎東站建於一八五二年，倫敦的帕丁頓車站（Paddington Station）建於一八五四年，布達佩斯東站（Keleti pályaudvar）一八八四年，蘇黎世火車站一八九三年，不只讓人喜愛，在視覺美感上充滿吸引力，甚至還運作良好。更精準地說，這些車站今天運作的方式，仍然跟當年一開始被建造時相同。當然，這見證了車站高水平的設計與建造；但是這也顯示了車站恆久不變的重要性。火車站不會「過時」。

火車站不是現代生活的配件，不是隨便的一部分，也不是副產品。跟把他們連結起來的鐵路一樣，火車站也是現代世界必不可少的組成要素。從米蘭到孟買，這些城市的偉大火車站如果忽然消失了，其都市面貌與市民每日的生活將發生的改變是無法想像的。沒有地鐵的倫敦將是不可設想（也不可居住）的——這就是為什麼當新工黨政府試圖將地鐵私有化（而且十分丟臉地失敗了）時，如此地讓我們看穿他們對現代政府的整體態度。紐約最核心的都市生命也是在他們破爛老舊但不可或缺的地鐵網絡裡流動。

我們也樂意承認，個體是現代性一個鮮明的特色：這個不能化約的主體，獨立的人格，不被束縛的自我，不必向國王感恩的市民。這個不附屬於其他人的個體，跟前現代世界裡依賴且恭順的臣民對照起來，顯得進步且優越。這種說法有一定的道理：「個人主義」或許是我們這個時代的通關話；但是不論好壞，個人主義也說出了無線時代人們彼此連結的孤立狀態。然而，真正最能把現代生活跟前現代世界區隔開來的，不是上述的獨立個體，而是社會。更準確地說，是市民社會，或者，用十九世紀的話來說，布爾喬亞（或中產市民）的社會。

在市民社會興起的過程中，鐵路一直是必要且理所當然的伴隨者。鐵路是一個為了個體福祉而進行的集體計劃，如果缺乏公眾的同意以及（在晚近這些年裡）公共的支出就無法存在。從根本的設計來說，鐵路不只向個體，也向社會整體提供實際的福祉。這是無論市場或全球化都不能實現的東西——除了無心造成的幸運結果以外。鐵路並不總是對環境友善，雖然就整體污染成本而言，蒸氣引擎造成的傷害比其內燃機的競爭者小。但是從最早期開始，鐵路面對社會需求都反應迅速（而且是必須如此），這也是為什麼鐵路向來無法帶來很高的利潤。

如果我們放棄鐵路，或把鐵路交給私部門並藉此集體躲避對鐵路的命運應負起的責任，我們就將喪失一種實用的資產，而且無論是找尋替代方案或日後恢復營運，都將是不可忍受的昂貴。如果我們拋棄火車站（就像我們從一九五〇年代與六〇年代開始做的那樣，比如對倫敦的尤斯頓車站〔Euston Station〕、巴黎的蒙帕納斯車站〔Gare Montparnasse〕的恣意毀壞，以及最重要的，對曼哈頓偉大的賓夕法尼亞火車站的摧毀），就等於拋棄了我們關於市民生活的記憶，我們將忘記怎樣才能過一種充滿信心的市民生活。柴契爾夫人行走各地時都注意絕對不搭火車，這並不是一種巧合。

如果我們不能理解為什麼要把集體的資源花在火車上，原因將不只是因為我們全都搬進了封閉社區，除了搭乘私人汽車在這些社區之間移動之外不再需要另外任何交通工具。而將是因為我們已經成為封閉個體，不知道該怎麼為共同利益而分享公共空間。這種損失造成的影響，將遠遠不只是許多交通系統當中某一種交通方式的式微或消失而已，那將意味著，我們已經跟現代生活本身一刀兩斷了。

恐懼的政治

「他們號稱自由與安全構成衝突……結果被證明是憑空虛構。因為，如果沒有政府的確保，自由就不能存在；而反過來說，只有當政府被自由的市民所控制，才能給市民提供任何合理的安全。」

——卡爾·波普

我們支持讓政府恢復功能，原因不僅僅是政府對現代社會——作為一個集體的事業——有必要的貢獻；另外還有一個更迫切的考量，我們已經來到一個恐懼的時代。不安全感再度成為西方民主國家的政治生活中一個積極的元素。不安全感來自恐怖主義；但是也來自對控制不住的快速變化的恐懼，對失去工作的恐懼，對於處在一個資源分配越來越不公平的社會裡被其他人踩在腳下的恐懼，對於不能自主掌控我們日常的生活條件與內容的恐懼。而且或許最嚴重的恐懼是，再也無法決定自己生活的不是只有**我們**，而是連那些掌握權位的人也已經把握不住方向盤，而任憑在他們理解之外的力量擺佈了。

我們西方人已經過了一段長期穩定的日子，被蒙蔽在經濟可以無限制發展下去的幻覺裡。但是這一切現在都過去了。在可預見的未來，我們將在經濟上感到深刻的不安全。我們一定會對我們集體的目標、對環境的保護或對個人的人身安全，比二戰以來的任何時候都更缺乏信心。我們不知道我們的小孩將會繼承一個怎樣的世界，但是我們再也不能欺騙自己，以為他們的世界一定會類似於我們經歷過的世界。

我們有理由預期一九三〇年代的錯誤不會重演，因為我們從親身經歷中了解那是怎麼回事。無論我們對過去的記憶多麼不準確，都不太可能忽略過去帶給我們的**所有**教訓。更可能發生的是，我們將由於自己的緣故而犯下前所未有的錯誤，並導致病態的政治後果。事實上，我們之所以還沒遭受到這種苦果，更可能是因為運氣好，而不是因為我們做了明智的判斷。然而我們如果自滿於這樣的成績，就太不明智了。

在二〇〇八年，百分之四十三的美國選民支持莎拉．裴琳（Sarah Palin）出任合眾國副總統——離世界上（仍然是）最有權力的政治職務只有一步之遙。像荷蘭的煽動家操弄當地人對穆斯林移民的恐懼，或法國政客利用民眾對法國的「身分認同」被破壞的焦慮一樣，在面對顯然難以處理的局勢變化時，裴琳跟她的同類只能從民眾高漲的徨惑與焦慮中撈取利益。

熟悉感能夠降低不安全感，所以當我們描述與打擊那些我們自認了解的風險時，例如：恐怖分子、移民問題、失業或犯罪問題，會覺得比較自在。但是未來數十年的不安全感真正的來源，將是那些我們大多數人說不清楚的危險：劇烈的氣候變遷及其社會與環境衝擊；美國霸權的衰落及其伴隨的「小型戰爭」；在面對遙遠國家的動亂與其對當地的破壞時，國內集體的政治無能。這些將是沙文主義政治人物最能利用的威脅，因為這些事情最容易導致民眾的憤怒與屈辱。

社會暴露的風險越多，政府就越力不從心，越對市場有錯誤的信心，發生激烈政治抗爭的可能性也就越高。在前共產主義的國家裡，一整個世代的人被灌輸了對自由市場與最小政府的信仰，那不只為了肯定這些目標本身，而是為了與舊日政權做錯的一切事情相對立。在那些腐敗的社會主義政權已經被「盜賊資本主義」（klepto-capitalism）取代的國家裡（其轉型過程順利得讓人憂慮），脆弱的民主政治結構要在這個前所未有的不安全時代裡生存下來，很可能會是個困難的挑戰。

東歐的年輕人已經被引導相信，經濟自由與干預型政府是互相排斥的，這是一個他們與美國共和黨共同信奉的教條。諷刺的是，這其實重複了共產主義者本身對此事的觀點：因此，在仍有許多人默默支持著專制傳統的國家裡，從民主向威權主義撤退可以是一個誘人的選項。

北美與西歐人天真地認為，民主、人權、自由主義與經濟進步之間存在一種必然的關係。但是對大多數人類在大多數時間裡，一個政治體系的合法性與可信賴度不是建立在自由開明的實踐或民主的形式，而是建立在秩序與可預測性上。一個安定的威權統治，對大多數人民來說，遠比一個失敗的民主政府要好得多。甚至公平正義或許也不如稱職的施政能力與街道上的井然有序更受重視。如果我們能有民主政治，那有也無妨，但是最重要的是，我們希望安定的生活。隨著全球化的威脅逐漸升高，人們對秩序只會越來越嚮往。

這對甚至最穩固的民主國家可能的影響是不容小覷的。在缺乏有公信力的穩固機構、或者缺乏由預算充裕的公部門提供的可靠服務的情況下，人們將會在私部門中尋找替代品。宗教（同時是一種信仰、社群與教義）很可能會經歷相當程度的復興，即便在信仰薄弱的西歐也是如此。圈外人，哪怕有清楚的面貌，也將被視為威脅、敵人與挑戰。就跟過去一樣，對安定的承諾有可能會與人民對舒適保護的依賴相結合，除非左派能想出更好的主張，否則當我們看到選民們對那些端出這類承諾的人熱烈響應時，就不該感到太驚訝。

我們必須重新探討我們祖父那一輩面對類似挑戰與威脅的方式。歐洲的社會民主主義，以及美國的新政與大社會，都是對這些挑戰的明確回應。

6 未來事務的樣態
The Shape of Things to Come

今天在西方，很少人能夠想像我們自由開明的體制完全崩潰，以及民主的共識徹底破裂。但是我們所知的第二次世界大戰（或者前南斯拉夫）清楚地說明了：任何社會能夠何等輕易地墜入霍布斯式的充滿無邊殘酷與暴力的噩夢裡。如果我們要打造更好的未來，就必須從更深刻的認知開始：即便根基扎實的自由民主國家也是多麼輕易就能崩塌。更直白地說，如果社會民主主義還有未來，那一定是作為一個知道戒慎恐懼的社會民主主義。

所以，我們第一個任務是要提醒自己，不要忘記二十世紀的這些成就，以及如果輕率且倉促地廢除它們可能造成什麼後果。比起為未來籌畫激進的偉大冒險，這句話可能聽起來不會讓人感到興奮，或許這也真的不值得興奮。但是如明智的英國政治理論家約翰．鄧恩（John Dunn）所指出的，比起未來，過去多少被照得更亮一些：我們更容易看清楚過去。

左派是有些東西需要保存。怎麼會沒有呢？在某種意義下，激進主義總是跟保存過去可貴的資產有關。在一六四七年十月英國內戰最激烈的時候進行的普特尼大辯論（the Putney Debates）裡，湯馬斯．藍斯伯勒上校（Colonel

Thomas Rainsborough）曾警告他的對手：「我認為英格蘭最窮的那個人，跟最顯赫的那個人一樣，也有他的生活要過……要在一個政府之下生活的每一個人，都應該先經過他自己的同意，才把自己置該於政府之下……」[12]蘭斯伯勒並非眼光迷濛地遙望一個平等主義的未來，而是引用一個人們廣泛持有的看法：英國人的權利已經被偷走了，現在一定要拿回來。

以類似的方式，十九世紀早期在法國與英國的激進人士的憤怒，很大程度是因為他們深信經濟生活中有道德法則，而且這些法則正被工業資本主義的新世界放在腳下踐踏。是因為這種受害的感受，以及由此激起的革命情緒，才點燃了早期社會主義者的政治熱情。左派向來都有些需要保存的東西。

我們都以為，我們從二十世紀改革的偉大時代裡繼承下來的那些制度、法律、服務與權利，是理所當然的東西。現在我們需要提醒我們自己，所有這些，一直到晚近如一九二九年為止，都會是完全不可想像的事。在那之後發生的轉型，其規模之大與影響之深遠，都是史無前例的。我們是那場轉型的幸運受益者，有太多東西需要我們捍衛。

再者，「防禦性」社會民主主義有一個非常可觀的遺產。在法國，在十九世紀末二十世紀初時，社會主義領袖尚・饒勒斯（Jean Jaurès）熱切呼籲他的同伴們，要支持那些因為百貨公司與大量生產的興起而受到壓迫的小商店主人與技術工匠。在他的眼裡，社會主義不僅僅是朝向後資本主義未來的前瞻性投射；社會主義也是（而且最主要是）為了保護那些無助的人以及受到經濟滅絕威脅的人們。

我們通常不會把「左派」一詞與「謹慎」這事放在一塊聯想。在西方文化的政治想像裡，「左」往往表示激進、破壞性以及革新。但是事實上，在進步性的組織與**明智審慎**的精神之間，有一種密切的關係。一直以來，民主

12〔譯注〕背景是當時法律規定，年繳稅四十先令的人才擁有選舉權。反對的平等派認為此一法律排擠窮人，保障了地主與貴族的利益，應予廢除。支持者為新模範軍的高階軍官，認為有財產者才在國家中有切身利益，因此才有資格參與國事。蘭斯伯勒緊接說的下一句話也值得引用：「而我確信英格蘭最窮的人如果對於他要置身於其下的政府完全不能表示他的聲音，則他在嚴格的意義下就完全不對該政府具有任何義務。」參考許國賢〈政治平等的再考察〉，《政治科學論叢》第二十七期，民國九十五年三月，頁五十三。

左派時常被一種喪失或損害之感所推動：有時是失去了理想化的過往，有時是道德關懷被私人利益肆無忌憚地徹底踐踏。在過去兩個世紀裡一直擁抱那種毫不保留的樂觀主義的看法——一切經濟變動都是為了實現更大效益——的人，是教條主義的市場派自由主義者。

是**右派**才繼承了那種野心勃勃的、現代主義的，打算以一個全面性計劃之名來進行摧毀與革新的強烈主張。從打伊拉克戰爭，到試圖有系統地廢除公立教育與醫療服務（但反響不佳），到長達數十年的解除金融管制計劃——透過這些作為，從柴契爾與雷根到布希與布萊爾的政治右派已經放棄了政治保守主義與溫和社會政策的連結，然而溫和的社會政策曾經讓從迪斯雷利（Disraeli）到希思（Heath），從提奧多・羅斯福（Theodore Roosevelt）到尼爾森・洛克斐勒（Nelson Rockefeller）（等英美右派政治領袖）如此成功。

柏納德・威廉斯曾說過，寬容最好的理由就是「……欠缺寬容時會導致的那些顯而易見的罪惡」；[13]如果這是真的，那麼同樣的話也適用在社會民主主義與福利國家身上。年輕人很難體會社民主義與福利國家興起之前的生活是怎麼回事。但是如果我們的高度不足以提出一套敘事來證明其合理性，如果我們缺乏把我們更好的直覺理論化的意志，那麼至少讓我們不要忘記，放棄社民主義與福利國家會導致哪些成本。這些在文獻上是有充分記載的。

謙虛是社會民主黨人典型的特色，但是這種政治品質受到過高的評價了。我們需要少一點為過去的缺失道歉，而是更自信地提起過去的成就，不需要為那些不足之處而苦惱。如果我們從二十世紀裡沒有學到任何別的東西，我們至少應該已經理解到，越是完美的答案，其結果就越嚇人。

我們能夠期待的最好狀況，也只是在不盡人意的情勢下作漸進式的改善，而且，這或許是我們應該尋求的一切。其他人在過去三十年裡系統性地拆除與破壞那些改善的成果，這應該讓我們遠比現在所表現的更為憤怒了。就算只是出於審慎的考量，這也應該讓我們感到憂慮：我們為什麼如此倉促地拆毀那些我們的前輩用辛勞建造起來的堤壩呢？我們真的這麼確定以後再

13 Bernard Williams，前引著作p. 134.

也不會有大洪水了嗎？

將一個世紀的辛勞予以丟棄，既是對我們的先行者，也是對往後世代的背叛。如果我們保證，社會民主主義（或某種類似的東西）代表的是那種我們想為自己在一個理想世界裡描繪的未來，那或許能夠討人喜歡（但卻是誤導人的）；然而這樣做等於回頭講一個已經失去信譽的故事。社會民主主義並不代表理想的未來；甚至也不代表理想的過去。然而在今天所有的選項裡，社會民主主義比我們手邊任何別的選擇都更好。

「那裡面有許多我不了解的、
某種角度來說我甚至不喜歡的地方，
但是我立刻就認出來，
那是一種值得為之奮戰的生活條件。」
——喬治．歐威爾，《向加泰隆尼亞致敬》

CONCLUSION

What Is Living and What Is Dead in Social Democracy?

——

結語

在社會民主主義裡，哪些已不可行？哪些仍待追求？

二〇〇九年十月我在紐約演講時，討論了這本書裡提出的幾個議題。第一個問題是一位十二歲的小學生提出的，我覺得很值得記錄在這裡，因為那個問題所關切的，正是我想放在結語裡的東西。發問者直接切入重點：「好，假如你在某一次尋常的對話或甚至辯論裡討論了這些議題，也提到社會主義這個詞，結果有時候就好像一塊磚頭砸在這個對話上，再也沒辦法讓它恢復原狀。那你會建議用什麼方式來恢復這場對話？」

如同我在回答他時所提到的，如果是在瑞典，這塊「磚頭」掉下來的情況不太一樣。甚至在今天，在歐洲人的討論中，提到社會主義並不會造成令人尷尬的沉默；就像在拉丁美洲或世界上許多其他地方也一樣不會。這是一種特有的美國式的反應。而且這位提問者，身為美國小孩，非常有理由這麼問。如果要讓美國的公共政策辯論改變方向，一個重大挑戰就是要克服對「社會主義」根深蒂固的疑忌，包括對任何沾上一點這個味道或能用那把刷子抹一下的東西。

有兩種辦法可以回應這個挑戰。第一是乾脆把「社會主義」放到一邊去。

因為這個字眼跟二十世紀的許多獨裁政權關聯起來，所以這個字眼跟理念已經遭到嚴重污染；我們可以在我們的討論中排除這個字眼。這種作法的優點是簡單，但我們會被指責為虛偽。如果一種理念或一項政策說起來像社會主義、做起來也像社會主義，難道我們不應該承認它其實就是嗎？難道我們不能期望把這個字從歷史的垃圾桶裡找回來嗎？

我想不行。「社會主義」是十九世紀的理念，也帶著二十世紀的歷史。這本來並非不可克服的障礙：同樣的話也適用在自由主義身上。然而這歷史的包袱是真實的——蘇聯及其附屬國描述自己為「社會主義」，再多的辯護（「那不是真的社會主義！」）也無法迴避這個事實。以同樣的道理，馬克思主義已經被它的繼承者不可挽回地玷汙了，不管我們今天閱讀馬克思仍然可以獲得多少助益。在每一個激進的提議上使用「社會主義的」這個形容詞，等於招引不會有結果的爭辯。

但是在「社會主義」與「社會民主主義」之間有顯著的區別。社會主義牽涉到轉型的變革：要打倒資本主義，換上以完全不同的生產與財產制度為基礎的政權。相對地，社會民主主義是妥協：它隱含地接受資本主義與議會民主制作為運作的框架，來關注廣大民眾到目前為止被忽視的利益。

這些差異是關鍵性的。社會主義（包括其諸多偽裝以及以組合概念出現的種種化身）已經失敗了。然而社會民主主義不只在許多國家已經執政，甚至還超越了其創始者最狂野的夢想。這個在十九世紀中期被認為是理想主義與激進挑戰的政治路線，五十年之後在許多自由國家中已成為日常政治。

所以，在西歐、加拿大或紐西蘭，當人們在談話中提到「社會民主主義」（而非「社會主義」）時，磚頭不會砸下來。正好相反，討論很有可能轉到非常實際與技術細節的軌道上：我們還能負擔得起全民退休金計劃、失業補貼、文藝贊助、低學費的高等教育嗎？還是這些福利與服務的耗費現在已經超過可以承擔的程度？如果是的話，又該如何把這些服務修正到可負擔的水平？當中哪些是絕不可少的，如果有的話？

由意識形態驅動的批判者間接提出的一個範圍更廣泛的問題是：這種社會服務國家**應該**照目前的形態繼續下去嗎？還是屬於它的時代已經過去了？

一個「從搖籃到墳墓」的保護與承諾的體制，真的比一個由市場推動的社會（其中政府的角色被縮至最小）更「有用」嗎？

答案取決於我們認為「有用」是什麼意思：我們要的是哪一種社會？而我們又願意忍受或追求某種安排，以實現那種社會？如同我希望在這本書中已經說清楚的，「有用」的問題需要用新的角度再提一次。如果我們把討論侷限在經濟效率與生產力的議題上，對倫理考量一無所悉，也不把所有更廣泛的社會目標納入參考，那我們就不能指望切入這個問題。

社會民主主義還有未來嗎？在二十世紀最後的幾十年裡，有一種流行的觀點認為，上一代的社會民主主義共識之所以開始崩解，是因為社民主義發展不出一套能夠超越傳統國界的視野——實際可行的制度就更不用說。如果世界變得更小了，而且各個國家相對於國際經濟每日的運作也變得更不重要，那麼我們還能指望社民主義提出什麼東西呢？

這種質疑在一九八一年時變得非常強烈：當時法國選出了最後一位社會黨總統法蘭索瓦．密特朗（Francois Mitterran）；他在競選時承諾，將忽略歐洲層級的規範與協議，並為他的國家開創（社會主義的）未來。[1]在兩年之內，密特朗就反轉了路線，就像幾年之後英國工黨所做的那樣，並且接受了如今看來無可避免的事情：沒有國家能推動鮮明的社會民主主義政策（在稅制、重分配與公有制方面），如果這些政策跟國際協議有所抵觸的話。

即便在社會民主主義制度已經深深融入文化裡的斯堪地那維亞，歐盟成員的身分（或甚至只是加入世界貿易組織與其他國際機構）就明顯限制了國內主導的立法空間。簡言之，社會民主主義早期的理論家如此熱切地把國際化描摹為資本主義的未來，如今這同一個國際化卻注定了社民主義的毀滅。

從這個觀點看來，社會民主主義——跟自由主義一樣——是歐洲民族國家興起的副產品：一個針對已開發社會中工業化帶來的社會挑戰量身打造的政治理念。不只美國沒有「社會主義」，就連社會民主主義，作為一種介於激進目標與自由主義傳統之間的可行的折衷方案，在所有其他大陸上也缺乏廣泛的支持。在非西方的世界裡從來不缺乏**革命**社會主義的熱情，但是歐洲獨特的政治折衷往外傳向世界其他地方的情況並不理想。

不只被侷限在一個得天獨厚的大陸上，社會民主主義似乎還是獨一無二的歷史情境的產物。為什麼我們應該假設這些情境可以再度出現？而且，如果這些情境不再出現，未來世代的人們為什麼一定要追隨他們的父祖輩，接受這種在過去數十年裡實行的保護性與審慎的政治折衷？

但是當情境改變，人們的看法也會跟著改變。那些堅信自由市場教條的狂熱支持者的聲音很快就會消失。由主要國家組成的所謂的G20集團深深受到被排除在G20之外的小國家的怨恨；而且G20試圖成為決定未來的決策中心一事，本身也帶有顯著的風險。然而這種集團的興起，清楚地確認了國家已返回舞台中央的事實。關於國家已死的謠言，一直被過度誇大了。

如果我們還要有政府，而且如果政府在人們的事務當中仍然要扮演相當角色，那麼社會民主主義的傳統就一直會是重要的。我們可以從過去學到許多東西。愛德蒙．柏克在他對當時的法國大革命的陰鬱批判中，對人們幼稚

1〔譯注〕密特朗所屬的法國社會黨實際上是社會民主主義政黨。密特朗之後是兩位右派總統席哈克與沙克吉，但是二〇一二年出任法國總統的奧蘭德又是社會黨。

的傾向提出警告，不要以未來之名輕易地摒棄過去。社會，他寫道，「……不只是一種介於現在生存者之間的合作關係，而且還要靠現存者、已逝者與將誕生者之間的合作才能存續。」

這個評論通常都被解讀為保守立場。但是柏克是對的。所有政治論述一開始不應該只是描繪我們與未來美好夢想的關係，也要重視與過去成就的關係，包括我們自己的，以及我們的前人所成就的。太久以來，左派漠視了這條先決要求：我們一直被十九世紀的浪漫主義所桎梏，太過倉促地把過去的世界拋在腦後，並且對所有現存的事物提出激進的批判。這樣的批判或許是推行重大改革所必須的，但是也讓我們有偏離正道的危險。

因為，我們實際上只能依靠我們擁有的東西。我們是深深地根植於歷史裡的，如同十九世紀那些浪漫主義者也清楚知道的。但是在十九世紀，一整個世代都迫不及待地尋求改革，「歷史」坐在他們的肩膀上非常不安穩。在那時，過去的建制只是障礙。但是在今天，我們很有理由採取不同的思考。我們虧欠小孩一個比我們所繼承的更好的世界；但是我們也虧欠前人一些東西。

然而，社會民主主義不能只是保存有價值的建制，以作為對更壞選項的抵抗。也沒有必要這麼做。我們的世界所欠缺的，大多都可以用古典政治思想的語言加以掌握：對不正義、不公平、不平等與不道德的議題，我們直覺上從來都十分熟悉，我們只是忘記了該怎麼討論這些東西。社會民主主義一度懂得清楚表達這些關懷，直到自己也迷失道路為止。

在德國，批評者指責社會民主黨背棄了理想，而追求自私且偏狹的目標。全歐洲的社會民主黨人都被逼迫說明，他們到底在支持什麼。只是保護與捍衛地方與局部的利益是不夠的。這樣的算計，這種把德國的（或荷蘭的或瑞典的）社會民主主義構想成只為德國人（或荷蘭人或瑞典人）服務的想法，對社會民主黨人來說，向來都是一種引誘。今天這種引誘似乎大獲全勝了。

受害者並沒有遺忘：西歐的社會民主黨人用一片沉默來面對巴爾幹半島上的戰爭暴行，彷彿那是過於遙遠的地方，他們最好繼續保持一無所悉。社會民主黨人需要重新學習該如何讓他們的思索延伸到國界以外：一個建立在對公平或社會正義的追求上的激進政黨，卻對更廣泛的倫理挑戰與人道理想置若罔聞，這裡面有某種深刻的邏輯錯亂。

喬治．歐威爾曾經指出，「那種讓尋常人對社會主義心生嚮往，並且使他們甘願為之冒性命危險的東西，那種社會主義的『神祕的號召力』，就是平等的理念。」[2]這在今天仍然如此。是因為在社會之內以及不同社會之間的**不平等**越來越巨大，才產生了如此多的社會病態。極端不平等的社會，同時也是不穩定的社會。他們製造內部的分裂，以及或早或晚會發生的內部爭鬥，最後通常造成非民主的結果。

我感到特別欣慰的一點，是從我這位十二歲的對話者身上了解到，這類問題再度成為小學生討論的對象——即便如果提到「社會主義」之名會使對話在寒顫裡中斷。從前當我開始在大學教書時，在一九七一年，學生們著魔一般地談論社會主義、革命、階級矛盾以及類似的問題——提到的通常都是當時所稱的「第三世界」，因為在本國之內，這些問題似乎很大程度都已經解決了。在接下來的二十年裡，這些對話撤退到較為自我指涉的關切裡：女性主義、同性戀權益以及身分政治。在政治關懷較深入的學生之間，興起了對人權，以及對捲土重來的「市民社會」語言的關注。在一九八九年前後一個短暫的時間裡，西方大學的年輕人深深受到世界各地奮力爭取自由的吸引，包括東歐、中國、拉丁美洲與南非：自由——免於奴役、強制、鎮壓與殘酷暴行的自由——是當日偉大的主題。

然後是九〇年代，這是失落的二十年裡的第一個十年。在這段時間裡，關於經濟繁榮與個人無限的生涯發展的幻想，取代了一切政治解放、社會正義或集體行動的討論。在英語世界裡，柴契爾與雷根自私的道德虛無主義（amoralism）——用十九世紀法國政治家基佐（Guizot）的話來說就是：「你們儘量發財吧！」（Enrichissez-Vous!）——讓位給嬰兒潮世代政治家意義空洞的漂亮語詞。在柯林頓與布萊爾任內，大西洋兩岸的世界在沾沾自喜中停滯不前。

2 George Orwell, *Homage to Catalonia* (New York: Mariner Books, 1980, original publication 1938), p.104.

直到八〇年代晚期之前，你很難遇到一位有天分、有能力的學生表示自己有興趣讀企管碩士。事實上，當時商學研究所在北美地區以外並不多見。但是今天，這種讀商學碩士的企圖心，跟商學所本身，都變得到處可見。而且在課堂裡，前一個世代的學生對激進政治的熱情，讓步給新一代學生的茫然困惑。在一九七一年，幾乎所有學生都是——或者希望被認為是——某種類型的「馬克思主義者」。到了二〇〇〇年，很少大學生對馬克思主義的意涵還有任何概念，更不用說了解為什麼馬克思主義曾經如此號召人心。

所以，如果可以用這樣的說法總結：自私的二十年已經過去，我們現在站在一個新時代的前緣——會是令人愉快的。但是我在一九九〇年代與之後的學生，真的都是自私的嗎？所有方面都讓他們確信，激進的改革已是明日黃花；他們在周遭看不到可以追隨的典範，聽不到可以全心投入的論述主張，以及可以追求實現的遠大目標。如果你看到身邊每個人的人生目標都是要在企業界獲得成功，那麼這就將變成所有人的預設目標，只有那些最能獨立思考的年輕人可以倖免。就好像托爾斯泰告訴我們的：「沒有哪一種生活條件是人無法適應的，特別是，如果他看到身邊每個人都接受的話。」

許多人對我們的生活方式感到不對勁。藉由撰寫這本書，我希望我已經給他們——特別是他們當中的年輕人——提供了某種指引，讓他們把問題清楚表述出來。然而，只是清楚表述是不夠的。作為一個自由社會的成員，我們有責任用批判的眼光看待我們的世界。但是，如果我們相信我們知道哪裡出錯了，我們必須根據這個認知**採取行動**。如同有人說過的那句著名的話：哲學家迄今只是用各種方式解釋了這個世界；但是重點在於，要改變這個世界。

左岸歷史 401

厄運之地〔新版〕

給未來世代的最後備忘錄

Ill Fares *the* Land

A Treatise on Our Present Discontents

作　　者　東尼・賈德（Tony Judt）
譯　　者　區立遠
總 編 輯　黃秀如
責任編輯　林巧玲、蔡竣宇
美術設計　黃暐鵬

出　　版　左岸文化／左岸文化事業有限公司
地　　址　231新北市新店區民權路108-3號8樓
發　　行　遠足文化事業股份有限公司(讀書共和國出版集團)
　　　　　電話（02）2218-1417　傳真（02）2218-8057
　　　　　客服專線 0800-221-029
E-Mail　rivegauche2002@gmail.com
左岸臉書　https://www.facebook.com/RiveGauchePublishingHouse/
法律顧問　華洋法律事務所　蘇文生律師
印　　刷　呈靖彩藝有限公司
二版一刷　2025年7月
定　　價　400元
I S B N　978-626-7462-77-5（平裝）
　　　　　978-626-7462-78-2（EPUB）
　　　　　978-626-7462-79-9（PDF）

厄運之地：給未來世代的最後備忘錄／
東尼・賈德（Tony Judt）作；區立遠譯.
－二版.－新北市：左岸文化出版：
遠足文化事業股份有限公司發行，2025.07
　面；　公分.－(左岸歷史；401)
譯自：Ill fares the land : a treatise on our present discontents
ISBN 978-626-7462-77-5（平裝）
1.CST: 國際政治 2.CST: 社會變遷 3.CST: 社會問題
578　　　　　　　　　　　　　　114009536